KB178640

센스의 재발견

미즈노 마나부

센스란 무엇인가?

NEW
REFERENCE
SERIES

haru

일러두기
본문의 주석은 옮긴이와 엮은이가 표기한 것입니다.

SENSE WA CHISIKI KARA HAZIMARU

Copyright ⓒ 2014 Manabu MIZUNO, All rights reserved.

Original Japanese edition published in Japan by Asahi Shimbun Publications Inc., Japan.

Korean translation rights arranged with Asahi Shimbun Publications Inc., Japan
through Imprima Korea Agency.

이 책의 한국어판 저작권은 Imprima Korea Agency를 통해

Asahi Shimbun Publications Inc.과의 독점계약으로 터닝포인트에 있습니다.

저작권법에 의해 한국 내에서 보호를 받는 저작물이므로 무단전재와 무단복제를 금합니다.

센스는 타고나는 것이 아니다

나는 내 능력을 대부분 분명히 밝힌다.

가령 어떻게 NTT도코모(일본, 괌, 사이판, 북마리아나 제도연방의 휴대전화 및 무선통신 서비스를 제공하는 기업 그룹 및 그 상표명)의 'iD'를 만들었는지, 어째서 '쿠마몬(일본 구마모토 현의 캐릭터)'은 검은색 곰인지, 일단 누가 물어보면 사실대로 대답한다.

나만의 아이디어를 만드는 방법이나 창작에 관한 부분이라면 인터뷰를 통해 꾸준히 대답하고 있으며, 본질이나 상세한 과정은 강연회나 대학 강의에서 자세히 설명한다. 이에 관한 책도 집필했으며 클라이언트가 굳이 물어보지 않아도 먼저 이야기할 정도이다.

말하자면 굿 디자인 컴퍼니는 '기업비밀 제로'인 회사다.

만약 내가 '물건을 만드는 아이디어 상자'라면 상자가 텅 빌 때까지 내가 가진 전부를 다 드러내 보일 것이다.

상자 속은 대부분 실용적인 부분으로 채워져 있다. 요컨대 방법을 알고, 해야 할 일을 하고, 필요한 시간을 투자하면 누구나 할 수 있다.

내가 특별한 사람이라서 할 수 있었던 것이 아니다.

하지만 항상 이 부분에서 오해가 발생한다.

"미즈노 씨, 무슨 이야기인지 잘 알겠어요. 하지만 굉장한 기획을 내놓으려면 센스가 필요하잖아요. 번뜩이는 센스를 알려주셨으면 하는 거예요."

어쩐지 대부분 사람이 이렇게 생각한다.

텅 빈 '나'라는 상자 바닥에 딱 하나 반짝반짝 빛나는 '센스'라는 녀석이 남아 있을 것이라고 말이다.

내가 아무리 방법론을 알려주고 텅 빈 상자 바닥을 보여주어도 이런 오해는 풀리지 않는다.

센스의 재발견

"그렇게 말씀하셔도 결국은 센스 문제잖아요."

센스가 마치 마법의 돌처럼 때때로 투명하게 변해서 보이지 않는다고 생각하는지 내 방법론 깊은 곳에 말로 설명할 수 없는 부분이 남아 있을 거라고 다들 입을 모은다.

나는 게이오대학 환경정보학부에서 특별초빙 준교수로 교편을 잡고 있다. 어느 날 학생에게 《아웃풋의 스위치》(아사히신문출판)에서 썼던 〈~다운 분류〉에 관한 이야기를 했다. 이는 '잘 팔리는 상품을 만드는 법'으로써 내가 고안한 방법이다. 팔리는 상품은 모두 그 제품다움(시즐, sizzle)을 내포하고 있는 상품이며, 이 '시즐'이라는 것이 사람의 마음을 사로잡는다는 이론이다. 잘 팔리기 위한 알맞은 시즐을 찾기 위해서는 제품이 '무엇다운지'를 분류하며 압축하는 작업이 효과가 있다는 내용이다.

· 구마모토의 곰이라면 큰곰(Ursus arctos)처럼 '일본다운지?' 테디 베어처럼 '서양다운지?'
· 일본다운 곰이라면 '어떤 색다운지?'

쿠마몬도 이런 식으로 점차 형태를 만들어서 완성한 것이라고, 나름대로는 상당히 꼼꼼하게 설명했다고 생각했다. 그런데 강의가 끝난 후 학생들에게 차례차례 이런 질문을 받았다.

"날카로운 기획이나 재미있는 기획을 생각하는데 거기서 '~다운 분류'를 하는 건 이상하지 않나요?"
"저는 그 누구도 본적 없고, 들은 적 없는 참신한 기획을 하고 싶습니다.

그리고 제 기획은 지금 존재하는 그 어떤 개념과 비교해도 '~다운 분류'를 할 수 없을 것 같아요."

"머리로 분류하고 생각하는 그런 거 말고 센스나 번뜩이는 아이디어는 어떻게 탄생하는지 알려주세요."

이렇게 묻는 학생들을 보고 '센스 문제는 생각보다 뿌리가 깊다'고 다시금 생각했다.

참신한 아웃풋을 내기 위해서는 아무도 생각하지 못했던 터무니없는 일에서 센스를 발휘해야 한다는 생각이 완고한 대전제처럼 자리 잡고 있음에 통탄했다.

내가 가르치는 학생들은 의식도 높고 의욕도 있다. 강의도 한 번 빠지지 않고 열심히 노트 필기를 하는 학생도 적지 않다. 수업이 끝나면 질문까지 할 정도이니 진지하기까지 하다. 그런 만큼 내 이야기도 제대로 이해해야 하는데 그렇지 않다.

강의 중에 나는 "날카로운 기획과 팔리는 기획이 반드시 일치하는 것은 아닙니다"라고 이야기한다.

아무도 본적 없는 기획이 중요한 것이 아니다. 누구도 본 적이 없어도 노리는 대상에 확실히 '팔리는' 기획이 아니면 사회는 원하지 않는다. 처음에는 '좀 재미있네!' 싶은 정도의 아이디어라도 얼마나 치밀하게 수정하는가에 따라 평범하지 않고 날카롭게 만들 수 있다. 기획이란 아이디어보다 '정밀도'가 훨씬 중요하다.

그래서 "세상을 놀라게 할 기획을 하겠다는 마음은 버리는 것이 좋아. 그런 야심이 제대로 된 기획을 만들지 못한 원인이니까"라고 쓴 소리도 하는 편이다.

그런데도 '아이디어란 타고난 센스의 번뜩임에서 탄생한다'를 전제로

한 질문을 받는다.

　여러분은 '그거야, 걔들이 아직 학생이라 잘 모르는 거겠지'라고
생각할지도 모른다. 하지만 내가 일상적으로 접하는 기획이나 상품 개발에
종사하는 업계 사람도 비슷한 말을 한다.

　"아니, 나야 미즈노 씨처럼 센스가 좋지 않으니 이런 발상을 할 수가
없지."

　"나한테는 번뜩임의 여신이 도통 강림하질 않으시네."

　현장 사람조차 반은 진심으로 말하고 있으니 오해는 빨리 푸는 편이
좋을 것이다. 번뜩임의 여신이라니 그런 것은 세상 어디에도 존재하지
않는다.

　실제로 내가 만든 결과물만 보면 엉뚱한 창작물도 있다. 터무니없는
것을 생각하기도 한다.

　하지만 그것은 착실하고 평범하게 인풋을 통해 철저히 단계적으로
생각한 끝에 결국 높이 뛸 수 있게 된 것이다. 갑자기 구름 위로 점프한
것이 아니고, 아이디어가 하늘에서 뚝 떨어진 것도 아니다. 한순간 하늘을
날만큼 점프했다고 쳐도 분명 그전에는 매일매일 체력훈련을 했고 점프
직전에 맹렬한 속도로 도움닫기를 했기 때문에 가능한 것이다.

　센스란 무엇일까?

　이 책에서는 그것을 밝히려고 한다.

　센스란 누구나 지니고 있는 신체 능력과 같다.

　건강한 사람이라면 누구나 달릴 수 있고 점프할 수 있다. 다만 점프가
어느 정도 되는지는 매일 같이 하는 체력훈련이나 도움닫기 속도로

달라진다. 얼마나 센스를 갈고 닦아서 제대로 사용할 수 있는가 하는 바로 이 차이가 센스가 좋다/나쁘다는 차이를 판가름한다.

이 책에서는 센스를 단련하는 훈련법도 이야기할 것이다.

좋은 센스란 이상한 것이 아니며 특별한 사람만 갖춘 재능이 아니다. 방법을 알고 해야 할 일을 하고 필요한 시간을 투자하면 누구나 손에 넣을 수 있는 것이다.

나나 당신이나 가진 센스는 동등하다. 차이는 그것을 어떻게 육성하고 어떻게 사용하는지, 또한 어떻게 기르는지에 달려 있다는 사실을 이제부터 이야기하고자 한다.

굿 디자인 컴퍼니 대표
미즈노 마나부

목차

센스의 재발견

Part 1

센스란 무엇인가를

정의하다

센스란 수치화할 수 없는 사실과
현상을 최적화하는 것이다

"센스가 좋다/나쁘다"라는 말을 우리는 별생각 없이 입에 올린다.

'센스를 살리는' 분야는 복잡하게 나뉜다.

미적 센스라는 말은 다양한 방면에서 사용하며 친숙한 표현으로는 '패션 센스'라는 말도 있다. '배팅 센스'처럼 스포츠에도 센스가 필요하며, 업무에도 센스는 필요하다.

경영을 좌우하는 것도 매상을 좌우하는 것도 센스이다.

그렇다면 '센스 좋음'이란 무엇일까?

'옷 입는 센스가 좋다'는 말은 멋지다/꼴사납다는 것과 거의 비슷하다고 해도 지장이 없을 것이다.

'경영 센스가 좋다'는 말은 매상이 좋다/나쁘다, 혹은 실적이 좋다/ 나쁘다는 뜻일까? 분명 경영 센스가 있는 사장이 존재하는 회사는 많은 이익을 내기에 그렇게 생각할 수도 있고, 숫자는 무척 중요하다.

하지만 아무리 실적이 좋아도 "센스? 흠, 글쎄" 이런 회사도 존재한다. 가령 종업원이나 거래처를 괴롭혀 이익만 창출한다면 센스 있는 회사라고 말할 수 없다.

반대로 실적은 별로라도 뛰어난 인재를 육성하고 힘 있는 기업을 만들려는 사장이라면 경영 센스가 좋을지도 모른다.

신제품을 개발하기 위해 이익을 투자로 돌려서 일시적으로 이익률이 떨어진 회사의 사장도 좋은 경영 센스의 소유자일지도 모른다.

그렇다면
'센스 좋음'이란
무엇일까?

'센스 좋음'이란
수치화할 수 없는
사실과 현상의
좋고 나쁨을 판단하고
최적화하는 능력이다.

실적이나 매상은 수치화할 수 있지만 '센스가 좋은 회사'는 단순하게 숫자로 측정할 수 없다.

최고 수준의 야구 타자 10명을 타율이 높은 순서대로 나열하고 '타율이 가장 뛰어난 사람이 배팅 센스도 가장 좋다'고 단언할 수 있을까? 아마 이의를 제기하는 사람이 많을 것이다. 적어도 나는 그렇게 단순한 사항이 아니라고 생각한다.

이렇게 생각하면 센스란 숫자로 측정할 수 없는 것이라고 할 수 있다.

'센스 좋음'이란 수치화할 수 없는 사실과 현상의 좋고 나쁨을 판단하고 최적화하는 능력이다.

이것이 내가 생각하는 센스의 정의이다.

세련되고 멋지고 귀엽고…, 이런 것은 모두 수치화할 수 없다. 하지만 그때, 그곳에 함께 있는 사람, 자신의 개성에 맞춘 복장의 좋고 나쁨을 판단하고 최적화할 수는 있다. 이를 '멋지다, 센스가 좋다'고 말한다.

'일본에서 가장 잘 팔리는 옷'은 데이터를 뽑으면 어느 정도 수치화할 수 있지만, 그 옷을 입는다고 센스가 좋아지지 않는다. 디자이너 컬렉션이나 명품 옷을 입는다고 센스가 좋아지지 않는다는 것을 잘 알고 있을 것이다.

숫자로 잴 수 없으니 센스라는 것은 아주 이해하기 힘들다. 그래도 센스가 좋다/나쁘다는 것은 확실히 존재하며 어떤 환경 아래에 놓여 있는지에 따라 좌우되기도 한다.

센스란 무엇인가를 정의하다

우선 '평범함을 아는 것'이 필요하다

센스는 이해하기 힘든 것이다.

특별한 사람만 타고나는 것이다.

하늘이 내리는 번뜩임 같은 것이다.

이런 오해를 초래하는 이유 중 하나는 센스를 숫자로 측정할 수 없기 때문이다.

게다가 '참신한 아웃풋을 내기 위해서는 이전까지 그 누구도 생각하지 못한 무언가를 센스 있게 만들어야 한다'고 생각하는 사람도 있다. 상품 개발이라도 맡으면 '평범하지 않은 아이디어'를 추구하게 된다.

하지만 센스가 좋은 상품을 만들기 위해서는 '평범함'이라는 감각이 뜻밖에 중요하다. 아니, 평범함이야말로 '센스가 좋다/나쁘다'를 측정할 수 있는 유일한 도구다.

그렇다면 평범함이란 무엇인가?

대중의 의견을 알고 있다는 것? 상식적인 것? 아니다.

평범함이란 '좋은 것'을 아는 것

평범함이란 '나쁜 것'도 아는 것

양쪽을 모두 알아야 '가장 한가운데'를 알 수 있다.

센스가 좋아지고 싶다면 우선 평범함을 알아야 한다.

이는 '평범한 것을 만든다'는 뜻이 아니다. '평범함'을 알아야 다양한 것을 만들 수 있다는 뜻이다.

평범한 것보다 조금 나은 것, 평범한 것보다 매우 뛰어난 것, 평범한 것보다 터무니없는 것, 이처럼 평범함이라는 '표준'으로 다양한 사실과

평범함이야말로
'센스가 좋다/나쁘다'를
측정할 수 있는
유일한 도구다.

이는 '평범한 것을
만든다'는 뜻이 아니다.
'평범함'을 알아야
다양한 것을 만들 수
있다는 뜻이다.

센스의 재발견

현상을 측정하여 다양한 것을 만들 수 있다.

'표준'이라는 말을 사용했지만, 숫자로 나타낼 수 없는 추상적인 부분을 측정해야 하니 여기서 한 가지 예를 들어보자. '스위스 아미 나이프 같은 다기능 나이프'를 상상해보자. 작은 나이프, 와인 코르크 따개, 가위, 손톱깎이까지 모두 간결하게 다 들어 있는 도구다.

스위스 아미 나이프의 나이프와 부엌칼을 비교하면 부엌칼이 더 잘 드는 것은 당연하고 손톱깎이도 일반 손톱깎이가 사용하기 더 편하다. 하지만 스위스 아미 나이프를 하나 가지고 있으면 '급할 때 뭔가 할 수 있다'는 안심감이 든다. 평범함을 안다는 것은 이에 가깝다.

그렇다면 이래저래 다양한 자격증을 갖춘 자격증 마니아 같은 것을 말한다고 생각할지도 모르겠지만 내가 뜻하는 바는 약간 다르다.

'많은 도구를 갖고 있어서 무엇이든 할 수 있는' 것이 아니라 '이것도 되고 저것도 되기 때문에 중간을 알 수 있는' 상태가 되는 것이다.

가령 비틀스에 대해서 누가 물어봤을 때 내가 "대단하지"라고 말하는 것과 사카모토 류이치(일본의 대표적인 작곡가이자 뮤지션) 씨가 "대단하지"라고 말하는 것은 설득력이 다르다. 프로 음악가인 사카모토 씨는 음악에 대한 지식이 풍부하며, 다양한 각도에서 비틀스를 측정할 수 있다. 그 결과 "대단하지"라고 말하는 것이니 설득력이 있다. 사람들은 "사카모토 씨 말이니 믿을 수 있다"고 생각하는 것이다.

사카모토 씨는 아마도 동서고금의 수많은 뮤지션을 속속들이 알기 때문에 "비틀스는 대단하다"고 정의할 수 있을 것이다. 하지만 비틀스만 열광적으로 좋아하는 사람에게는 비틀스가 전부다. "비틀스 말고는 다 필요 없다"고 집착하게 된다.

이는 딱히 나쁜 것은 아니며 '사물을 깊이 본다'고 말할 수도 있다.

하지만 무척 편협한 견해임이 분명하며 그 사람이 말하는 "대단하지"에는 설득력이 없다.

수치화할 수 없는 사실과 현상에는 다양한 것이 존재한다. 이를 최적화하려면 다각적이고 다면적으로 측정한 후에 '평범함'을 찾고 설정하는 능력이 필요하다.

수치화할 수 없는 사실과 현상을 측정하는 방법을 많이 알면 알수록 센스가 좋아진다. 스스로 인식하는 '평범함'의 기준과 모든 사람의 '평범함'을 일치시킬수록 최적화는 쉬워질 것이다.

평범함이라는 표준으로 다양한 연령대를 측정한다면 다양한 나이의 소비자가 원하는 것을 만들 수 있다. 만드는 사람이 남성이든 여성이든 이성이 좋아하는 것을 만들 수 있다.

평범함을 알면 모든 것을 만들 수 있는 가능성이 높아진다.

평범함을 알면
모든 것을
만들 수 있는
가능성이
높아진다.

아이들은 자유롭게 '센스'를 발휘한다

센스라는 것이 이해하기 어렵고, 엉뚱하고, 특별한 사람만 가지고 있다는 오해를 받는 또 다른 이유는 미술, 예술, 디자인 등 센스와 관련된 부분에 대한 관점의 차이라고 생각한다.

대부분 사람은 유아기에 미술과 예술을 접한다.

예술가 집안에서 태어나거나 부모의 특별한 취향이 아니라도 상관없다. 색칠하거나 그림 그리기, 체조나 춤, 노래, 이것이 바로 사람과 예술의 만남이다. 학문이라는 것을 배우기 전에 우리는 모르는 사이 예술의 문을 두드린다.

그림을 그린다. 노래한다. 춤추며 몸을 움직인다.

이 세 가지는 인간이 본능적으로, 생리적으로 추구하는 것이며 미술, 음악, 체육 세 교과가 여기에 들어맞는다.

체육은 못해도 미술을 좋아하거나 체육과 미술은 싫어하지만, 음악을 좋아하기도 한다. 실기는 재미있으니 세 가지 모두 생리적으로 싫어하는 사람은 거의 없다.

미술의 경우를 생각해보자. 어릴 때는 누구나 미술을 좋아했을 것이다. 유치원생에게 그림을 그리게 하면 다들 무척 즐겁게 크레용을 손에 쥐고 열심히 자유롭게 선을 그린다.

그런데 천진난만하게 노래하고 그림 그리기를 즐기던 아이들은 곧 잔혹한 판단 아래 놓이게 된다.

"그림 잘 그리네.", "못 그리네."

"노래 잘한다.", "음치네."

숫자로 측정할 수 없는 눈에 보이지 않는 기준으로 "누구누구는 그림

진짜 못 그려", "음치야"하는 식으로 규정한다. "리듬감이 없어서 춤추는 것이 이상해", "쟤는 운동 능력이 없어" 하며 탄식하기도 한다. 때로는 이런 이유가 원인이 되어 유치한 집단 따돌림을 당하기도 해서 '그림을 못 그리고, 노래를 못하고, 춤이 이상한' 아이가 되고 만다.

하지만 '미적 센스=실기'가 아니다. 뛰어난 화가를 육성한 화상들은 심미안이라는 센스가 무척 뛰어났다. 그들은 그림은 못 그렸지만 미적 센스가 있는 사람들이었다.

음악적 센스가 있는 사람이 마음을 흔드는 아름다운 목소리의 소유자라고 단정 지을 수는 없다. 노래를 못하는 작곡가나 연주자도 있다. 노래를 못하고, 작곡도 못하고, 악기도 다루지 못한다. 하지만 좋은 노래와 그렇지 못한 노래를 가려들을 수 있는 훌륭한 프로듀서도 있으니 이들은 음악 센스가 있는 사람이다.

신체 능력은 다소 사정이 다르지만, 발이 느린 댄서도 있고 춤을 잘 못 추는 육상 선수도 있다. 운동은 못 하지만 몸을 사용하는 센스가 뛰어난 사람도 얼마든지 있다.

예술이나 운동 센스를 실기만으로 측정하려고 한다. 많은 사람이 '센스는 내 손이 닿지 않는 것이다', '예술 같은 것과 무관하다', '센스는 타고난다'고 멋대로 생각하게 된다.

어른이 되면서 이런 경향은 점점 강해진다.

어느 정도 재능 있는 사람이 아닌 한, '그림을 좋아한다, 노래를 좋아한다'고 언제까지 말하고 다닐 수 없는 환경이 세상에는 존재한다.

'노래를 좋아하고, 그림 그리기를 좋아한다니 유치하다.'

초등학생이나 중학생이 이렇게 생각하는 것은 유아성과 유치함에서 빠져나오려는 성장의 표현이니 전혀 나쁜 일이 아니다. 그러나

'어른스러움'의 정의가 잘못되어 있는 한 잘못된 방향으로 빠져나갈
가능성도 있다.

　　미술이나 음악을 순수하게 즐기는 모습은 분명 아이처럼 보인다.
하지만 어른이 되었다고 미술이나 음악이 전혀 필요하지 않은 것은 아니다.

　　미술과 음악의 중요성을 말하기 전에 '예술보다 더 중요한 것이 있다'는
큰소리에 눌리게 된다. 문제는 여기에 있다.

　　"원래 너희는 국어와 수학을 해야만 해. 영어도 중요하고, 도덕도 배워야
하지. 장래에 도움이 될 공부를 하도록 해."

　　이렇게 '배워야만 하는 것'에 쫓기다 보면 그림을 그리거나 무언가를
만들거나 노래하는 일의 우선순위가 점차 뒤로 밀리게 된다.

　　직선적으로 말하면 '수험과목이 아니다'는 이유만으로 실기가 있는
과목은 취미 수준의 것, 아무래도 상관없는 것 취급을 당한다. '장래에
도움이 되지 않는다'고 피하게 된다. 이것이 어른이 되는 과정에서
발생하는 예술과의 결별이다.

　　이윽고 예술은 손이 닿지 않는 것, 인연이 없는 존재가 되며 이와
관계된 뛰어난 센스는 '특별한 사람의 재능'이 된다.

　　사실은 누구나 자신만의 '특별한 재능'을 갖고 있어서 어릴 때는
자유로이 이를 발휘하며 놀았을 것이다.

　　나는 이것이 무척 안타깝다.

미술 수업이 '센스'로의
진입 장벽을 높인다

미술이라는 수업, 체육과 음악 수업은 인간에게 무척 중요한 시간이다. 이들이 '장래에 도움이 되지 않는다'는 신념 아래 등한시되는 현실이 안타깝다.

하지만 이런 과목의 교수법에도 문제가 있다고 생각한다. 특히 크리에이티브 디렉터인 나로서는 현행 미술 수업 방식이 무척 안타깝다.

초등학교에는 그림과 공작 시간이 있고 중학교에도 미술 시간이 있다.

이런 과목을 '학문'이라고 받아들이는 사람이 얼마나 있을까? 아마 교사나 학생도 '예술 과목은 학문이 아니다'라고 인식할 것이다. 그 원인 중 하나는 대부분 수업 시간에 실기만 하기 때문이다.

그러나 미술이라는 것은 훌륭한 학문이며, 두 가지로 나뉜다.

하나는 예술과 미술에 대한 지식을 쌓는 '학과'

다른 한 가지는 그림을 그리고, 무언가를 만드는 '실기'

두 가지를 뭉뚱그려서 실기 쪽에만 무게를 두다 보니 '미술은 학문이 아니다'는 오해가 발생한다.

우리는 미술이라면 어떤 연습이나 지식 없이도 갑자기 실기 수업을 하는데, 미술에도 당연히 학과 수업이 있어야 한다. 미술의 역사, 미술을 보는 법, 어떤 기법이 어떻게 성립하게 되었는가, 이런 지식을 배우면서 실기도 병행해야 한다. 그렇게 하면 단순히 그림을 잘 그리고/못 그린다는 문제가 아닌 센스를 키울 수 있는 토양이 마련될 것이다.

'미술 지식 따위 실기와 관계없다'고 생각하는 사람이 있을지도 모른다. 그러나 학문이란 체계적으로 성립한다. 예컨대 경제학에서는 경제 그

그러나 미술이라는
것은 훌륭한
학문이며, 두 가지로
나뉜다.

센스의 재발견

자체와 관계없는 카를 마르크스라는 인물의 역사를 배우는 등 중요하지 않다고 생각되는 지식적인 부분도 아는 것이 중요하다는 공통 인식이 존재한다.

미술이라는 학문도 이처럼 고흐가 어느 나라 사람인지, 어떻게 살고 어떤 사상을 가졌는지, 어떤 시대적 배경 속에서 그런 그림이 탄생했는지에 관한 지식도 배워야 한다. 그래야 미술에 대한 생각, 느낌, 표현 방법이 변할 것이다.

실기를 '잘한다/못한다'로 판단하는 것만이 미술이라는 학문에 뛰어난지를 재는 척도인 것은 아니다.

분명, 미술 실기는 수학처럼 OX로 채점할 수 없고, 미술에는 〈1+1=2〉와 같은 절대적인 해답이 존재하지 않는다. 바른 획순과 글자 모양이 딱 정해진 한자와도 다르다. 역사처럼 '세키가하라 전투는 1600년에 발생'이라는 명확한 대답이 존재할 리 없다.

하지만 세상에는 경제학이나 경영학, 철학처럼 '이런 것이다'라고 확고한 답이 나오지 않는 학문도 존재한다. 미술은 이런 학문과 같거나 혹은 매우 비슷한 학문이다.

"이 그림이 그려진 배경에 대해 어느 정도의 지식이 있는가?"

"어째서 이런 작품이 탄생했는지 체계적으로 설명할 수 있는가?"

이런 판단 기준으로 미술 성적이 정해진다면 좋은 센스를 기르는 데 큰 힘이 될 것이다.

우리는 역사를 공부할 때 '도쿠가와 이에야스(1543년~1616년, 일본 아즈치 모모야마 시대, 에도 시대의 무장이자 정치가로 오다 노부나가, 도요토미 히데요시와 함께 전국 3영걸로 불린다)가 몇 년에 뭘 했다'는 사실만 배우는 것이 아니다. 사실을 바탕으로 지적 호기심을 펼칠 수 있도록 '도쿠가와 이에야스는 이런 사람이었으며 이런 일들을 했다'고 그 인물과 행동에 대해 배운다. 그를 통해 '그래서 우리는 이러이러하게 하자'라고 생각하여 인생을 살아갈 때 도움이 된다.

미술을 배울 때도 이와 같은 방식으로 해야 하지 않을까?

예를 들어 그림을 그린다고 하자.

여러 가지 색을 사용할 때 가장 신경 써야 하는 부분은 서로 이웃하는 색을 고르는 법이다. 미술 교과서 구석에 실려 있던 색깔이 둥그렇게 원을 그리고 있는 '색상환'을 기억하는가? 이웃하는 색으로 색상환 반대쪽에 있는 '보색'을 사용하거나 혹은 '같은 색'을 사용하면 아름답게 완성된다. 좀 더 자세히 색 궁합을 알고 싶다면 서점에 진열된 수많은 색채 도표 책을 추천한다.

억측을 버리고 관찰하는 것이 중요하다. 나무를 그릴 때 아이들은 대개 굵은 줄기 좌우로 가지를 그린다. 하지만 사실 대다수 식물의 가지는 나선 형태로 난다.

코끼리는 회색, 악어는 녹색, 기린은 노란색과 검은색으로 그리지만, 코끼리나 악어의 실물은 갈색 비슷한 색을 띤다. 기린은 갈색과 베이지이며 실제로 노란색 기린은 없다.

이런 방법과 지식을 터득하기만 해도 이른바 '잘 그린', '센스 있는' 그림을 쉽게 그릴 수 있다.

미술 작품을 볼 때도 마찬가지다.

하얀 변기에 사인이 적혀 있다면 누군가의 낙서로만 보인다. 하지만 '이것은 마르셀 뒤샹(프랑스의 예술가로 다다이즘과 초현실주의 작품을 많이 남겼으며, 1955년에 미국 국적을 취득)이라는 작가가 주창한 "레디메이드"라는 양식으로 예술에 대한 안티테제'라는 것을 알게 된 후 보면 이 작품이 갑자기 다르게 보일 것이다. 사물을 보는 방법이 다양해지면 센스가 길러진다.

역사가 '지식을 배운 다음, 지금 시대에서 자신이 무엇을 하면 좋을지 초석을 닦는 수업'이라면 미술은 '지식을 배운 다음, 내가 무엇을 만들거나 창조하거나 표현하는 초석을 닦는 수업'이어야 한다.

'역사를 잘한다/못한다'라고 말하지 않는 것처럼 미술도 잘하고 못하고는 없다.

'지식을 배워서 현재에 활용한다'는 의미로 미술은 다른 학문과 같은 학문이며 누구나 배우면 성장할 수 있다.

미술 지식이 모자라면 미적 센스, 즉 미의식이라는 것에 콤플렉스가 생긴다. 옷, 주거 및 인테리어, 소지품이나 잡화를 고를 때 자신감이 떨어진다. 사소하지만 이런 일 때문에 '센스'라는 말에 공포심이 생긴다.

무언가를 무에서 창조할 때, 우선 '자신이 없는' 상태가 된다. 시작 지점이 0이 아니라 마이너스다. 미술 지식을 획득하여 이 상황을 피할 수 있다면 성인이 된 후에라도 개인적으로 미술 지식을 얻는 편이 낫지 않을까?

미술은 '지식을 배운 다음,
내가 무엇을 만들거나
창조하거나 표현하는 초석을
닦는 수업'이어야 한다.

센스의 재발견

Part 2

좋은 센스가 스펙으로

요구되는 시대

센스의 좋고 나쁨이 개인과 기업의 존속과 관련된 시대

'나는 센스와는 관계가 없다'고 생각하는 사람도 있을 것이다.

크리에이티브 디렉터나 디자이너도 아니고 센스 좋고 나쁨이 영향을 미치는 직업에 종사하지 않으니 센스가 필요할 때라고는 기껏 옷을 고를 때 정도이다.

하지만 이것도 잘못된 생각이다.

센스가 필요하지 않은 일은 하나도 없다. 설사 필요 없더라도 센스가 나쁜 것보다는 좋은 편이 사업에서도 유리한 것은 분명하다.

앞에서 말했듯이 센스란 수치화할 수 없으며 누구나 태어날 때부터 갖추고 있다.

가령 센스가 물이라고 하면 누구나 원래 물을 가지고 있다.

어떤 사람은 상황에 맞춰서 최적의 물을 대접하는 방법을 생각하고 표현하는 능력을 갖고 있다. 예컨대 뜨거운 여름날에는 쨍하게 차가운 물에 레몬 한 조각을 띄우고, 겨울에는 입에 닿는 순간 몸속부터 따끈해질 차를 준비하는 것이다.

어떤 사람은 물을 대접하는 방법 같은 것은 전혀 생각하지 않고 항상 똑같은 물을 제공한다. 예를 들면, 미지근하고 신선하지 않은 물을 365일 대접하는 식이다.

전자는 센스가 좋은 사람이고, 후자는 센스가 나쁜 사람이다. 사람들이 어느 쪽을 선호할지는 분명하다.

조금만 더 물에 비유해서 센스를 생각해보자.

고도 경제 성장기에는 물 자체에 가치가 있었다. 물을 가득, 혹은 빨리 내오면 품질은 전혀 따지지 않았다. 맛이나 내오는 방법은 아무래도 상관없었다. 즉 '질보다 양'인 시대였다.

그러나 고도 경제 성장기 후반부터 물의 품질이나 안전성이 요구되었다. 질 그 자체를 추구한 결과 다양한 기술이 발달했다. 정제도가 높은 물, 청결한 물, 알칼리 전해질 물 등이 탄생했다. 즉, '양보다 질', '기술에 따른 질적 향상'인 시대가 되었다.

그런데 기술 향상은 곧 한계에 부딪힌다. 모든 회사와 모든 나라가 기술력을 점점 높인 결과 '질 좋은 물'이 생활필수품이 된 것이다. 당연하지만 부가가치도 이익도 사라진다. 더는 새로운 기술이나 기업의 노력을 요구하기 힘든 세상이 되었다.

일본은 다행히 버블 붕괴라는 금융 위기에서 살아남았고 이후 찾아온 IT혁명이라는 변화가 활력소가 되어서 생존했지만 이제 슬슬 한계다.

기술력에만 의존한 결과 상품 만들기에 너무 중점을 둔 일본은 전혀 팔리지 않는 '질 좋은 물'을 떠안았고, 이 물을 대접할 상대가 사라진 것이다.

이 상황은 세계적으로도 마찬가지다. 그러나 전혀 새로운 '물'을 계속해서 만든 사람도 존재한다. 바로 애플을 이끈 스티브 잡스다.

단순한 기술을 이용하여 컴퓨터를 만들지 않았다. 훌륭한 미의식과 센스로 제품을 만들었다. 센스로 기능과 장식을 형태화한 기업이다.

물론 앞으로 기술력이 더욱 성장할 가능성은 있다. 하지만 지금 당분간은 정체될 것이다. 그러므로 좋은 센스가 무엇보다 필요해질 것이다.

기업의 가치를 최대화하는 방법의 하나로 센스를 들 수 있다. 아니, 그 회사가 존속할지도 센스가 결정한다.

개인도 마찬가지다. 같은 능력을 갖춘 사업가라면 그 사람의 센스가 차이를 만들 것이다.

센스의 재발견

시대는 '차세대 센노 리큐'를 원한다

'일본의 기술력'

'제조국, 일본'

일본이 이렇게 불리게 된 것은 고도 경제 성장기 이후의 이야기다. 메이지 유신 후의 일본은 '근대화=서양화'라고 해석했으며, 이는 상품을 만들 때도 영향을 주었다. 창조성을 발휘하기보다는 어떻게 서양과 '동일'해질 수 있는가만 생각했다. 2차 세계대전의 패전으로 좌절하자 어떻게든 부흥하기 위한 수단으로 저렴한 물건을 빨리 많이 만드는 일에 매진했다.

이윽고 고도 경제 성장기에 들어서 생산성이 궤도에 오르자 이번에는 기술력을 길러 품질 높은 물건을 만들기 시작했다. '싼 것이 비지떡'이 아니라고 외치며 연구하여 편리한 고기능 상품을 만들었다.

일본의 기술력은 전후 고작 20년 만에 일본을 세계 최고 수준의 경제 대국으로 올려놓은 원동력이 되었다. 그러나 이런 장점 때문에 물건 만들기에 대한 과도한 자신감이 생기면서 '물건 만들기 신앙'이 싹튼 것이 문제다.

물건 만들기 신에게 의지하면 상품은 팔린다. 편리한 것, 저렴한 것, 고기능 상품을 만들면 소비자는 구매한다는 오해가 생겼다.

이 신앙은 1970년대부터 2000년대까지 이어져 지금도 여전히 그 영향이 남아 있다. 하지만 지금은 기술을 주관하는 '물건 만들기 신'에게 의지해도 상품은 팔리지 않는다. 머리로는 이해하지만, 아주 많은 회사와 사업가가 '디자인이나 미적 센스? 그런 거 모르는데?'라며 방관하고 있다.

하지만 본래 일본은 기술만 있고 센스가 없는 나라는 아니었다. 에도시대(에도 막부가 정권을 잡은 시기를 가리킨다. 1603년 3월 24일 도쿠가와 이에야스가 세이이타이쇼군으로 임명되어 에도에 막부(왕조)를 연 시기를 에도 시대의 시작으로 보고 있다. 1868년 5월 3일 에도 성이 메이지 정부군에 함락되는 때까지의 265년간을 가리킨다)까지는 오히려 예민하고 독자적인 미의식을 지닌 '센스의 나라'였다.

예를 들어 다도를 확립한 센노 리큐(1522년~1591년, 일본에서 일본 다도를 정립한 것으로 유명한 역사적 인물이다. 특히 와비챠(わび茶, 草庵の茶) 전통의 원조가 되었다. 조화와 존경, 맑음과 부동심을 의미하는 화경청적(和敬淸寂)의 정신을 강조하여 차 마시는 것을 단순한 마시는 행위에서 일본을 대표하는 문화로 차도를 만들었다)가 활약했던 아즈치 모모야마 시대(1573~1598)는 센스, 미의식이라는 것이 꽃피었던 시대이다.

현대와 이 시대는 아주 비슷하다. 기술에서 센스로 옮겨가는 시대, 그것이 아즈치 모모야마 시대이기 때문이다.

리큐는 1522년 전국시대에 태어났으며 그 당시는 각 지방의 다이묘가 난립하면서 누가 천하를 통일할지를 둘러싼 전투를 치열하게 반복 중이었다.

그 와중에 1543년 총포가 들어왔다. 이전까지의 창, 검, 활, 그리고 인력으로 거대한 바위를 떨어트리는 고전적인 전투 방법에서 일변하여 멀리 떨어진 곳에서 간단히 사람의 목숨을 빼앗을 수 있는 병기가 해외에서 들어온 것이다. 이를 기술혁명이라고 불러도 좋을 것이다. 권력은 총포라는 새로운 기술을 얻은 자, 오다 노부나가(1534년~1582년, 일본의 전국 시대를 평정한 인물로, 아즈치 모모야마 시대를 연 무장이자 다이묘)에게 몰렸다.

노부나가는 오케하자마 전투에서 순푸(현재 시즈오카 현)의 이마가와

센스의 재발견

에도시대까지는
오히려 예민하고
독자적인
미의식을 지닌
'센스의 나라'였다.

요시모토(1519년~1560년, 일본 전국 시대 무장이자 다이묘)의 침공을 저지했고, 1582년 노부나가가 혼노지의 변(아케치 미쓰히데가 도요토미 히데요시를 돕는다는 명목으로 주코쿠로 진군 중 돌연 회군, 혼노지를 기습해 오다 노부나가가 자결한 사건)으로 쓰러진 이후 도요토미 히데요시 (1537년~1598년, 일본 전국 시대와 아즈치 모모야마 시대에 활약했던 무장으로 정치가이며 다이묘)가 패권을 잡는다. 사실상 한 사람의 인간이 통치하게 된 것은 아즈치 모모야마 시대라고 말할 수 있다. 이때부터 에도시대까지 '세상이 안정된 시기'가 도래하면서 일본의 '미'가 꽃피웠다.

아즈치 모모야마 시대에서 센노 리큐는 지금 시대에서 말하는 크리에이티브 디렉터 같은 존재였다. 장식이 많은 '당물(중국 물건)'이 좋다는 가치관 속에서 그는 단순한 다기를 좋은 것이라 내밀고, 다도의 원형이라고 할 수 있는 '와비차(센노 리큐가 완성한 일본 특유의 차 예능, 다회에서 가장 중요하게 여긴 것은 주인의 차나 도구의 미에 대한 견식을 엿볼 수 있는 도구의 조화였다)'라는 개념을 확립했다. 오다 노부나가에게 차를 제공하고, 도요토미 히데요시에게 중용되어, 마에다 토시이에를 비롯한 다이묘를 제자로 삼아 '다성(茶聖)'이라고까지 불렸다.

그러나 리큐의 말기는 도요토미 히데요시에게 죽음을 하사받아 비참했다. 그 이유에는 여러 가지 설이 있지만, 아무튼 그는 죽어야 할 만큼 큰 영향력을 손에 넣었음이 분명하다. 도요토미 히데요시 정도의 권력자가 일개 다인을 일부러 죽일 필요가 없었을 텐데, 그는 리큐를 죽였다. 그것은 죽여야 할 만큼 히데요시에게 리큐는 중요한 존재였기 때문이다.

어째서 그 정도로 리큐가 중요했을까?

그것은 전국시대라는 기술의 시대가 끝나고 새로운 센스가 필요해졌기 때문이다.

축성 기술이나 대장장이 같은 군수 기술은 전투에만 영향을 끼친 것이 아니다. 본래 군사 목적으로 개발된 GPS 기능을 형태를 바꿔서 지도 애플리케이션 등으로 일반인도 이용할 수 있게 된 것처럼 군사 기술이 진보해 평화가 찾아왔을 때 생활과 문화도 변했을 것이다. 장식품이나 건축 기술도 진화했을 것이다. 좋은 그릇이 탄생하고 차를 즐길 여유도 생긴 것이다.

"중국에서 들어온 당물이 훌륭하다네."

"아니, 포르투갈에서 들어온 남만 그릇이 좋지."

"아니라니까, 우리나라 장인이 만드는 그릇이 좋은 거야."

물건을 고를 수 있다는 것은 종류가 풍부하다는 뜻이다. 선택지가 풍부하니 '무엇을 선택해야 할지 도저히 모르겠다'며 곤란해 하는 사람도 생겼을 것이다.

'센스 있는 그릇을 알려줄 사람 누구 없나?'라는 분위기 속에서 필요해진 사람, 그가 바로 리큐였다.

현대 일본도 마찬가지다. 시대는 다음 리큐를 찾고 있다.

기술이 절정에 이르면
센스의 시대가 찾아온다

인간은 기술이 어느 시점의 한계까지 진보하면 향수에 젖어 아름다운 것을 추구하는 경향이 있다.

가령 전투 기술이 한계를 맞이한 전국시대가 끝났을 때 다이묘들은 찻물이나 예능에 몰두했다. 전국 통일로 세상이 안정되니 '미'에 눈을 돌릴 여유가 생겼다는 견해도 있고 권력자가 부와 권력을 과시하기 위해 아름다움을 추구했다는 견해도 있다.

그러나 내 지론은 '기술에서 센스로의 회귀'라는 것이다. 전국시대에 기술력이 당시 정점을 맞이했기 때문에 아즈치 모모야마 시대는 센스의 시대가 된 것이다. 여기에는 일종의 향수도 있다.

역사를 살펴보면 기술이 극적인 진화를 달성하면 센스의 시대가 찾아오고, 한참 후에 다시 기술의 시대가 찾아오는 '사이클'이 느껴진다.

예를 들어 리큐가 살았던 시대는 이탈리아에서 발생한 르네상스 시대와 겹친다. 르네상스란 부흥, 재생을 의미하며 고대 로마나 그리스의 센스를 되찾으려는 '그리움'을 추구한 문화 운동이다.

신기하게도 유럽에서는 화약, 나침반, 인쇄 기술 등 세계적으로 기술 수준이 올라가 사회 전반이 약진한 후에 르네상스의 위세가 높아졌다. '기술에서 센스의 회귀'가 발생한 것이다.

시곗바늘을 되돌려 근대로 눈을 돌려도 같은 현상을 볼 수 있다.

18세기 중반 영국에서 발생한 산업혁명으로 세상은 완전히 변했다. 제조에 공업이라는 개념이 생기고, 기계화가 진행되어 대량생산이 가능해졌다. 장인이 열심히 손으로 만들던 시대와는 비교할 수 없는 생산량이다. 게다가 증기기관차라는 일찍이 존재하지 않았던 이동 수단이 탄생했다.

이들은 뛰어난 기술의 발전이며 진화이지만 싼 것이 비지떡인 상품이 대량으로 넘쳐나게 된 마이너스 측면도 동반한다. 이에 반대를 외친 사람이 시인이자 디자이너인 윌리엄 모리스다. 지금도 그의 디자인은 아름다운 벽지나 프린트로 남아 있다.

1934년생인 그는 '공장에서 대량생산된 상품을 사용하지 않고, 다시 한 번 수작업으로 돌아가자. 생활 속에 아름다움을 도입하자'라고 제창하고 센스 넘치는 다양한 상품을 만들었다. 이는 '아트 앤드 크래프트 운동(Art and Craft movement, 미술공예운동)'이라고 불린다. 모리스에 의해 '센스 혁명'이 일어났다고 할 수 있다. 수작업이라는 그리움, 향수를 통해 센스의 시대로 변환했다.

물론 유럽에는 전통적으로 장식에 공을 들인 하나의 '예술 작품'이라고 불러도 좋을 생활용품이 존재하지만 이는 왕족이나 귀족, 대부호 등 한정된 사람을 위한 것이었다. 오늘날 우리가 감상하는 명화도 특권계급이나 교회를 위해 그린 것이 대부분이다.

한편 당시 서민 생활용품은 기능이 우선이었다. 수작업으로 생산하던 시절은 의도치 않게 장인의 개성이 더해졌을 수도 있지만, 공장에서 도구를 만들기 시작하면서 센스나 디자인 등은 필요 없어졌다. '튼튼하고 쓰기 편한 제품을 많이 만드는' 기술 추구가 최우선 사항이 되었다.

그러나 기술력은 이윽고 한계에 다다르게 되었다. 진화가 중단된 것은 아니지만, 너무 빨리 정점을 맞이했기 때문에 일단 정체하는 것이다. 동시에 대량생산이 당연한 일이 되자 사람들의 의식이 변했다. 여기서 발생한 것이 '기술에서 센스로의 회귀'다.

아트 앤드 크래프트 운동을 계기로 아트는 '미술'과 '디자인'으로 분화되었다. 공예품이나 민예품 같은 서민을 위한 '물건'에도 '미'를 추구한다. 이것이 오늘날 디자인이라는 개념으로 이어졌다.

'아트 앤드 크래프트 운동'은 세계 각지에 전파되어 일본에서도 1926년 일용품 속에서 아름다움을 발견하자는 민예운동이 발생한다.

시곗바늘을 좀 더 현대로 옮겨보자.

IT혁명으로 인류는 또다시 전례 없는 진화를 달성했다. 산업혁명과 마찬가지로 인류 전체에 커다란 진화를 가져온 것이 정보혁명이다. 정보혁명으로 기술이 정점에 달하면 그다음은 다시 센스의 시대다.

'무료로 온 세상 사람과 접촉할 수 있다니, 정말 대단하군!' 이랬던 기술의 시대는 종언을 고하고 한동안 정체될 것이다. 어떻게 그 기술을 즐길 것인지와 같은 세부의 발달, 문화나 '미'가 요구될 것이다.

내 생각이지만 '아름답다'는 감정은 기본적으로 미래가 아닌 과거에 근거한다. 향수나 그리움도 틀림없이 사람을 끌어당기는 요소가 될 것이다.

기술과 센스, 기능과 장식, 미래와 과거.

이런 식으로 서로 맞대응하는 시대의 '틈'을 모두 오가고 있다.

시장은 이미 센스 방향으로 움직이기 시작했다. 그러니 센스 있는 기업이 성장하고, 센스 있는 사업가를 요구하는 것이 아닐까?

공예품이나 민예품
같은 서민을 위한
'물건'에도 '미'를
추구한다. 이것이
오늘날 디자인이라는
개념으로 이어졌다.

새로운 것이 퍼지기까지 시간이 걸린다

참신한 물건을 만들었다면 성공하기까지 상당한 시간이 걸리므로 장기적인 시야를 가질 필요가 있다.

"난 센스 있으니까 분명히 대박 날 것"이라는 마법 같은 이야기는 세상 어디에도 존재하지 않는다.

사람은 급격하게 변화를 이루지 못한다는 예를 들면 지면이 부족할 정도이다. 쉬운 예를 들어보자. 휴대전화를 스마트폰으로 바꾸는데도 몇 년이 걸렸고, 아직 휴대전화를 사용하지 않는 사람도 많다.

초기 아이폰(iPhone)은 2007년에 발매되었다. 이 시점에서는 미국 내수용 기종이라서 사용한 사람들은 이노베이터(innovator, 혁신자, 트레드세터)라고 불리는 혁신적인 소수파뿐이었다.

아이폰 3G가 일본을 포함하여 세계에서 발매된 것은 이듬해인 2008년이다. 엄청난 화제를 몰고 왔지만, 이때부터 사용하기 시작한 사람은 시류에 민감하고 새로운 것을 좋아하는 얼리어답터라고 불리는 두 번째 사람들이었고, 이후 세 번째로 얼리 매저리티(Early Majority, 조기 다수자)라고 불리는 평균보다 살짝 새로운 것을 좋아하는 다수파가 스마트폰을 사용하기 시작했다. 이후 일본에서는 2009년 6월 아이폰 3GS가 발매되었다.

아이폰 4G가 발매된 2010년에는 아이폰 이외의 기종을 포함해 다양한 스마트폰이 대량으로 발매되어서 스마트폰 보급률이 단숨에 높아졌다.

2011년에 아이폰 4S, 2012년에 아이폰 5, 2013년에 아이폰 5S와 아이폰 5C가 발매되었다. 이 무렵부터 스마트폰으로 옮겨간 사람은

'모두가 사용하니 나도 갖고 싶다', '다들 사용하니 내가 사용해도 괜찮겠지' 등의 이유로 구매하는 레이트 매저리티(Late Majority, 대다수)다. 조금 늦게 다른 사람을 따라 반응하는 다수파라는 뜻이다.

이 책을 집필하고 있는 2013년 6월, 일본의 스마트폰 보급률은 49.8%(IDC Japan 조사)로 아직 반수에 미치지 못한다.

지금부터 조금씩 남은 레이트 매저리티가 스마트폰으로 옮겨갈 것이다. 라가드(Laggard, 지체자)라고 불리는 보수적인 사람들은 아무리 스마트폰이 유행해도 결코 바꾸지 않을 것이다.

우리 어머니도 그중 한 명으로 아마도 남은 인생을 구형 휴대전화와 함께 할 것이다. 라가드는 '구형 휴대전화는 익숙해서 불편하지 않아'라고 만족하기에 스마트폰으로 뭘 할 수 있는지 알려하지 않고, 갖고 싶다는 마음이 들지 않는 사람들이다.

여기서 스마트폰을 예로 들어 '누구나 알고 있는 마케팅 용어'를 복습한 이유는 신제품이 사람들에게 보급되기까지 얼마나 시간이 걸리는지 알려주기 위해서다.

"5년이라는 시간을 투자해서 이 상품을 개발하여, 10년 안에 히트 상품을 만들자"고 생각하는 회사라면 깜짝 놀랄만한 신제품을 기획해도 승산이 있다. 많이 팔리지 않고 이익이 나지 않아도 그 상품을 계속 판매하려는 기업으로서의 신념과 체력이 있다면 시간을 들여 히트 상품을 만드는 일이 가능하다.

대표적인 예가 오츠카제약의 〈포카리 스웨트〉다. 지금 20대라면 '탈수 증상에는 포카리 스웨트'라고 알고 있으며 어릴 때부터 '감기에 걸리면 포카리'라는 환경에서 자랐을 것이다.

하지만 1972년에 태어난 내게 1980년에 등장한 포카리 스웨트는 '그냥

신제품이
사람들에게
보급되기까지
얼마나
시간이 걸리는지
알려주기
위해서다.

센스의 재발견

이상한 음료수'였다. 소비자에게는 주스도 차도 아닌 지금까지 본 적 없는 상품이며 동종업계 타사에게는 과감한 아이디어의 '깜짝 놀랄 기획'이었을 것이다.

오츠카제약 공식 사이트에 따르면 포카리 스웨트는 1987년 누계 발매 병 수 30억 병을 달성했다. 93년에 100억 병, 98년에는 200억 병을 달성한 국민 음료로 키우기까지 긴 세월이 걸렸다. 2008년 300억 병으로 판매가 늘어난 것은 포카리 스웨트가 '누구나 깜짝 놀랄 새로운 아이디어'였기 때문이 아니다. '팔릴 때까지 반드시 판다'는 오츠카제약의 신념과 체력이 대박 상품으로 키운 것이다. 총수 기업이기 때문에 가능한 일이었다.

일반기업이라면 발매 이후 몇 개월간 매상 데이터를 보고, 매상이 좋지 않으면 신속하게 철수한다. 특히 현재 음료 시장은 매상 데이터를 전부 수치로 관리하는 편의점의 움직임에 주목한다. 발매 후 바로 팔리기 시작하는지 아닌지 속도가 중요해지면서 팔리지 않는 상품을 몇 년, 몇 십 년 동안 끈기 있게 판매할 기업은 많지 않다.

후발 주자였던 포카리 스웨트가 대박 상품으로 성장한 것은 상당히 특수한 예이며, 오츠카제약의 특수한 판매 경로인 '약국'이 든든한 아군이 된 부분도 있다. 하지만 '깜짝 놀랄 만큼 대단한 기획'이 설령 2% 있다고 해도 그것이 팔렸다면 90% 이상은 기업의 노력과 기업의 인내 덕분이다.

'깜짝 놀랄 만큼 대단한 기획'이 2%, 그중 90%가 기업의 노력으로 팔린 것이라면 참신한 발상과 번뜩임의 힘만으로 팔린 건 0.2%에 지나지 않는다. 이 얼마나 작은 부분에 지나지 않는지 다시금 실감할 수 있다.

왜 일본 기업 제품은 센스가 없는가

가전제품이나 자전거 등 일본 기업의 제품은 매상 규모, 기술력 등 많은 면에서 세계 최고 수준이라고 할 수 있다.

그러나 '뛰어난 것은 기술력과 상품의 완성도뿐'이라는 단서가 붙어 있다. 전체적으로는 유감스럽게도 다른 나라의 제품과 어깨를 견주거나 혹은 뒤처진 것이 현재 상황이다. 나는 그 원인이 센스에 있다고 본다.

앞에서 이야기한 스마트폰은 무척 이해하기 쉬운 예이다.

일본에서는 2008년 7월, 애플의 아이폰이 등장한 이후 고도의 진화를 달성했다고 여겨지던 일본 휴대전화가 '구형 휴대전화'라 불리며 쇠퇴했다. 각 업체는 다들 스마트폰을 만들게 된다.

그런데 2013년 일본 최대 통신회사인 NTT도코모가 애플과 제휴를 맺으며 많은 회사가 급속히 스마트폰 사업에서 철수하기 시작한다. 즉, '지금까지는 아이폰이라는 선택지가 없었기에 도코모가 우리를 선택했지만 이제 아이폰과 경쟁하려니 승산이 없다'는 판단에서다.

'아이폰은 이길 수 없다.' 이렇게 생각하는 것은 기술이 아니라 센스 문제도 크다. 단순한 디자인, 사용자 인터페이스(UI)의 '기분 좋은 움직임' 등 창조성 면에서 이길 수 없다.

일본 업체라고 사용자가 기분 좋게 사용할 수 있는 인터페이스를 만드는 기술이 없는 것은 아니다. 반대로 얼마든지 갖고 있다.

그들에게 부족한 것은 '사용자에게 "철저히" 기분 좋음을 제공하는' 센스이다.

일본 기업은 제작자도 경영진도 '창조적인 센스'가 좀 더 필요하다.

일본 기업은
제작자도 경영진도
'창조적인 센스'가
좀 더 필요하다.

식품이나 화장품 같은 새로운 상품을 만들려고 할 때, 대다수 일본 기업은 우선 시장조사를 시작한다. 나는 이것이 가장 큰 문제라고 생각한다. 일본 기업을 약체로 만든 것은 시장조사를 중심으로 한 마케팅 의존증이다.

통상적인 시장조사는 대상자를 모아 6명 정도의 그룹으로 나누어 질문한다.

"당신이 괜찮다고 생각하는 상품 크기는 어느 것입니까? A, B, C 중에서 고르세요."

늘어선 시제품을 손에 들고 만져본 들 대상자의 대답은 그저 자기 취향일 뿐이다. 그들은 소비자이며 개발자가 아니므로 지금 있는 것과 비교해 구체적인 의견을 피력하지 못하는 것이 당연하다.

이런 시장조사에는 두 가지 함정이 존재한다.

첫 번째는 튀는 상품에 눈이 가기 마련이라는 점이다.

무언가를 선택해야만 하는 '특수한 상태'에 놓인 조사 대상자는 평소의 자신이라면 절대 일상생활 속에서 사용하지 않을 이상하게 눈에 띄는 물건을 선택하기 쉽다.

두 번째는 새로울 가능성을 낭비하기 쉽다는 점이다.

본 적 없고, 들은 적 없고, 만져본 적 없는 물건을 좋다고 말하는 사람은 사실 거의 없다. 발매 전 아이팟(iPod)에 대한 시장조사를 했다면 '재생이나 되감기 버튼이 없다니'라며 비난받았을지도 모른다. 100이 200이 된 물건은 원하지 않는다. 100이 101이 된 것, 기껏 120 정도가 된 것을 본 순간 많은 사람은 '신선하다, 오 새로워, 갖고 싶어!'라고 생각한다.

여기에서 새로운 가치는 태어나지 않는다. 100이 101이 되면 진화 중이라고 할 수는 있지만, 이 정도 속도로는 스티브 잡스가 살아 있던 시절의 애플 같은 회사는 도저히 따라갈 수 없다.

일본 기업을
약체로 만든
것은 시장조사를
중심으로 한
마케팅
의존증이다.

그런데 구태의연하게 '우선은 시장조사'부터 하는 일본 기업은 굳이 새로운 상품을 만들려고 노력하는 것 같지 않다.

그룹 인터뷰의 대부분은 리서치회사가 실시하며 업체 사람들은 매직 미러 너머 옆방에서 그 모습을 바라본다. 나도 한 번 참가한 적이 있는데 "별 의미 없는 것 같은데요"라고 딱 잘라 말했다. 그러자 업체 사람들은 하나같이 이렇게 대답했다.

"아니, 시장조사는 상품 개발에서 일종의 의식 같은 것입니다."

그러니까 필요 없다고 생각하는 것은 나뿐인가?

다만 딱 하나, 내가 해도 괜찮다고 생각하는 시장조사는 어떤 상품이 마음에 드는지 단 1초 만에 선택하는 방식이다. 매우 감각적인 작업으로 논리적 사고가 일체 끼어들 틈이 없다. 즉, 우리가 평소 가게에서 물건을 고를 때와 같은 조건으로 조사하는 것이다.

아무것도 없는 방에 신제품 패키지 A, B, C를 두고 어느 것이 좋은지 1초 만에 고르게 한다. 반드시 혼자서, 1초 만에 고르고 나온다. 이 작업을 10명이 아니라 100명, 1,000명 규모로 실시하는 시장조사라면 참고 정도는 해도 나쁘지 않다.

센스의 재발견

조사에만 의존하면
내가 무엇을
좋다고 생각하고,
무엇을 만들고
싶은지 자기 머리로
생각할 수 없다.

일본 기업에 필요한 것은
크리에이티브 디렉터이다

　세상을 떠난 스티브 잡스라는 사람은 경영자이자 크리에이티브
디렉터였다.

　그는 시장조사를 중요하게 생각하지 않고 자신이 정말 갖고 싶은
것, '사실은 다들 갖고 싶을 것'이라며 자기가 갖고 싶다고 생각하는 것을
만들기 위해 계속 노력했다. 그의 뛰어난 능력은 애플 성공의 중요한
요인이다.

　일본에도 분명 잡스 같은 사람이 있을 것이다. 하지만 시장조사에
의존하는 시스템이 그렇게 뛰어난 능력의 소유자를 활용하지 못하는
하나의 원인이 아닐까? '시장조사는 사내 설득을 위한 도구'로 사용한다는
설도 있지만, 진위는 알 수 없다. 시장조사가 인재 육성 면에서도 위험한
행위라는 것은 확실하다.

　위험한 이유는 두 가지다.

　1. 조사에만 의존하면 내가 무엇을 좋다고 생각하고, 무엇을 만들고
싶은지 자기 머리로 생각할 수 없다. 남의 힘을 빌려서 무언가 하려는
자세가 창조성 낮은 두뇌 구조를 생산한다.

　2. '조사 결과로 결정'하면 책임 소재가 애매해진다.

　대부분 다수결로 의사를 결정하는 일본 기업에서 이렇게 하면
'이 신상품이 별로라면 잘릴지도 모른다'는 긴장감이 사라진다.
긴장감이 없으면 '더 잘하자, 더 재미있는 일을 하자'는 향상심을 약하게
만들 위험이 있다.

　향상심이 없는 곳에서 좋은 상품은 탄생하지 않는다.

'조사 결과로
결정'하면
책임 소재가
애매해진다.

'경영자의 센스'가
기업의 저력이다

나는 이런저런 회사와 함께 새로운 상품을 만들고 있는데 일반적으로 말하는 대기업일수록 시장조사를 중시하는 경향이 있다. 이는 '대기업은 이래서 안 돼!'라는 이야기가 아니라 자본주의의 원리를 토대로 한 이야기다. 주식회사인 이상 기업의 가치를 주주가 지탱하며 주가를 폭락시키는 커다란 실패는 쉽게 용서받을 수 있는 일이 아니다. 이런 점에서 2010년 12월까지 창업 때부터 오랫동안 비상장 기업이라는 방침을 고수해온 오츠카제약 같은 회사는 기업 가치를 회사가 직접 만들 수 있다.

기업의 저력, 기업의 센스라는 관점에서 생각했을 때 상장이냐 비상장이냐는 그다지 상관없다. 가령 그룹 전체가 오랫동안 비상장이었던 산토리(양주, 맥주, 청량 음료를 제조 판매하는 회사)라는 회사가 있다. 2013년 자회사인 산토리 식품이 상장했지만 기업의 저력은 변함이 없다. 창업자와 총수가 가진 센스, 철학, 경영 방침이 긴 시간 동안 이어져 온 기업은 스스로 자기 가치를 만들 수 있다. '팔리면 끝'이라는 자세가 아니라 자신들의 센스를 중요하게 여기는 시세이도(화장품 회사) 같은 회사도 경영자의 센스가 기업의 저력이 된 일례이다.

기업의 미의식과 센스가 기업의 가치가 된다. 이것이 현시대의 특징이다.

시대의 요구는 변한다. 예를 들어 고도 경제 성장 시대의 기업에는 진지하게 열심히 일할 것이 요구되었다. 그 대표가 파나소닉(전자제품 회사)의 마쓰시타 고노스케다. 그가 남긴 수많은 저서를 보면 그가 중요시했던 것은 진지함, 근면함, 윤리관과 도덕관임을 알 수 있다. 모두 다

기업의 미의식과
센스가 기업의
가치가 된다.
이것이 현시대의
특징이다.

훌륭한 가치이며, 존경하는 경영자 중 한 명이지만 센스나 미의식이 언급된 책은 그다지 없다.

조직으로서 효율적으로 근면하게 일한다. 이는 지금도 변함없이 중요한 부분이지만 시대를 이끌며 다음 단계로 향하기 위해서는 그것만으로는 '부족'하다. 갑자기 센스가 필요하다고 하니 어찌해야 좋을지 모르고 쩔쩔매는 경영자 밑에서 사원들이 헤매는 것이 현재 상황일지도 모른다.

크리에이티브 디렉터는
기업의 의사다

사람은 건강하고 힘이 있으면 다소 아파도 계속해서 달릴 수 있다.
달리는 동안 통증을 잊는 경우도 있다. 하지만 살짝 몸이 좋지 않을 때는
손거스러미 하나에도 신경이 쓰인다. 아니 몸이 안 좋다 보니 충치가
치통을 불러일으키고, 치통이 위를 아프게 하여 점점 몸이 안 좋아지는
악순환이 발생한다.

이는 기업도 마찬가지다.

현재 대부분 기업은 무언가 병에 걸려 있다. 혹은 '병에 걸린 것이
아닐까'하는 공포심에 사로잡혀 있다. 그런 기업은 점점 고립감을 느껴
변화를 따라갈 수 없다. 달릴 수 없을 뿐만 아니라 걸음도 점점 느려진다.

이 고립감을 타개할 중요한 사항 중 하나가 센스이다. 센스를 길러
기업의 독자적인 미의식이라는 것이 양성되면 회사의 미래를 바꾸는
커다란 에너지로 전환할 수 있다.

그리고 나 같은 크리에이티브 디렉터는 센스로 기업을 치료하는 의사
같은 역할을 담당한다.

광고회사에서는 크리에이티브 디렉터는 광고를 만드는 팀의 팀장을
지칭하지만, 내가 정의하는 크리에이티브 디렉터는 좀 더 넓은 의미의
것이다. 크리에이티브 디렉터를 새로이 정의한다면 기업 가치를 센스로
높이는 일을 하는 사람이다. 센스의 힘은 상품 개발은 물론이고 명함,
사옥 인테리어, 데스크 등의 사내 환경, 제복이 있다면 사원과 스태프의
제복도 만든다. 사장의 넥타이 색까지 철두철미하게 고려해서 실천하는

센스를 길러
기업의 독자적인
미의식이라는 것이
양성되면 회사의
미래를 바꾸는
커다란 에너지로
전환할 수 있다.

것이 크리에이티브 디렉터의 역할이다. 사토 가시와(아트디렉터이자 크리에이티브 디렉터로 일본 디자인계를 대표하는 디자이너) 씨와의 대담자리에서 사토 씨도 비슷한 이야기를 들려주었다.

기업의 '생각'도 수치화될 수 없는 사실과 현상이다. 그런 의미에서 경영에 도움이 될 판단을 할 수 있는 센스 있는 크리에이티브 디렉터는 실로 드물다고 생각한다. '그럴 리가 없다, 뛰어난 디자이너는 얼마든지 있다'는 의견도 나올지 모르지만 내 지론으로는 디자이너는 장인이다. 요구 사항을 아름답게 재현하는 역할을 하며 클라이언트인 기업이 '여기는 둥근 편이 좋을 것 같은데'라고 하면 가장 아름다운 동그라미를 만든다.

"여기, 정말 동그라미가 좋다고 생각하십니까? 사각형은 어떻습니까?"라고 새로운 제안을 할 수 있는 것이 내가 생각하는 크리에이티브 디렉터다. 그 기업의 경영전략을 함께 생각하는 능력이 필요하다.

누구나 크리에이티브 디렉터가 될 가능성을 갖고 있다.

실패를 두려워하지 않고, 종적 관계 구조인 회사 조직에 세로로 꼬챙이를 꽂을 수 있는 사람이야말로 크리에이티브 디렉터이며 여기에는 세 가지 패턴이 있다.

첫 번째 패턴은 경영자 혹은 경영진이 크리에이티브 디렉터가 되는 것이다. 스티브 잡스는 이 패턴에 속한다.

두 번째 패턴은 외부 사람이 크리에이티브 디렉터가 되는 것이다. 사토 가시와 씨나 내가 여기에 해당한다.

세 번째 패턴은 기업 내에 특구를 만들어 거기서 일하는 사람들이 크리에이티브 디렉터의 역할을 하는 것이다. 삼성은 이 패턴에 속하며 디자인부가 힘 있는 시세이도도 비슷한 일을 하고 있다.

수는 적지만 경우에 따라서는 사원이라도 크리에이티브 디렉터가 될 수 있다. 예를 들면, 사내의 작은 팀에서 리더가 창조성이 넘치는 경우도 있다.

외부 사람이든 내부 사람이든 많은 기업이 크리에이티브 디렉터를 갖게 된다면 고립감은 사라질 것이다.

센스의 재발견

어떤 직종에서도 센스는
필요불가결한 존재이다

얼마 전 다섯 살이 된 아들이 '공벌레 빵'이라는 것을 만들었다.

할머니가 취미로 빵을 만들 때 가끔 함께 만들었다고 한다. 지금까지는 동물 빵이나 울트라맨 빵을 만들었다. 전부 모양은 예쁘지 않지만 저절로 미소 짓게 만드는 빵이었다.

그런데 최근 벌레에 빠진 아들이 만든 빵은 공벌레 빵으로 공벌레 모양을 상당히 잘 재현한 것이 오히려 역효과가 나서 도저히 먹고 싶다는 생각이 들지 않는 작품이 되었다.

나는 휴대전화로 아들이 보낸 사진을 보면서 '인간은 시각이 몇 퍼센트네 어쩌네 하지만 역시 결국은 순간적으로 사물을 보고 판단한다'고 다시금 깨달았다.

상품이라는 아웃풋은 '물건'으로, 시각에 좌우된다. 사내 환경은 실내 인테리어나 책상 정리정돈이며 일하는 사람의 복장이라는 아웃풋으로 나타난다. 모든 일이 아웃풋이라면 센스 있는 아웃풋을 내야 한다.

당신이 가령 빵집을 열고, 최고의 밀가루와 최고의 물과 최고의 천연효모를 사용해서 최고의 화덕에서 최고의 기술로 빵을 만들었다고 하자.

하지만 그 빵이 어디에나 있을 법한 평범한 꽃무늬 접시에 담겨 있다면 어떤가? 빵 모양이 공벌레처럼 끔찍하지 않아도 아무렇게나 만들어진 볼품없는 빵이라면? 손님에게 구매한 빵을 얇은 비닐봉지에 담아 건넨다면?

상품이라는
아웃풋은
'물건'으로, 시각에
좌우된다.

센스의 재발견

그것이 과연 팔릴까? 정말 맛있다고 생각할까?

이것은 직장에서도 마찬가지다.

회의 자료를 정리하는 작업이나 기획서 작성은 수많은 회사원이 매일 하는 업무이다. 하지만 읽기 힘든 서류만 제출하는 사람은 일을 잘하는 사람으로 보이지 않는다.

당신이 만약 경리부에 소속되어 있다면 자료에 가장 적합한 서체, 그래프, 정리법이 있을 것이다. 정보를 적확하게 정리하고 중요한 사항을 가장 보기 좋게 만들 수 있는 사람과 아닌 사람 중 누가 우수한지는 확실하다. 책상에 서류가 산더미처럼 쌓여서 'OO년도 장부가 보고 싶은데'라고 부탁하면 찾을 때까지 두 시간쯤 기다려야 하는 그런 경리를 사람들이 과연 신뢰할까? 만약 그 장부가 아무런 하자가 없다고 해도 사람들이 '빈틈없어 안심이다'라고 생각할까?

센스가 수치화될 수 없는 것인 이상 답을 유도하는 과정이 어려운 사례도 있다. 예를 들어 최근 무척 깨끗하고 새하얀 카페 같은 라면집이 생겼다. 인테리어도 그릇도 무척 세련된 가게다.

여성 고객을 대상으로 파스타 같은 라면을 낸다면 괜찮을 것이다. 하지만 라면 애호가인 남성이 주 고객이길 바란다면 이 인테리어가 정답일까? 나는 국물이 들큼할 것이라는 인상을 받았기에 먹으러 가고 싶은 마음은 들지 않는다.

아무리 좋은 일을 해도, 아무리 편리한 것을 만들어도 보이는 방법을 통제할 수 없다면 그 상품은 결코 사람들의 마음에 들지 않을 것이다.

보이는 방법의 통제야말로 기업이건 사람이건 상품이건 브랜드의 힘을 높여준다. 브랜드의 힘을 높이는 것이 좋은 센스이다. 센스에는 역시 '최적화'가 매우 중요하다.

아무리 좋은 일을
해도, 아무리 편리한
것을 만들어도
보이는 방법을 통제할
수 없다면 그 상품은
결코 사람들의
마음에 들지 않을
것이다.

센스를 기르려면 온갖 것에 생각이 미치는 꼼꼼함, 남이 보지 않는 부분도 알아차리는 관찰력이 필요하다. 좋은 감각을 지니는 것도, 유지하는 것도, 높이는 것도 연구가 필요하다.

능력 있는 한정된 사람만이 할 수 있거나 어려운 일이 아니다.

정말 간단한 것을 '이것이 중요하다'고 인식하고, 매일 실천하는 것. 이를 계속해서 반복하는 것이 어려울 뿐이다.

하면 되겠지만 하지 않으면 할 수 없다. 다음 장에서는 그런 센스를 갈고 닦는 방법에 관해 이야기하겠다.

센스의 재발견

Part 3

센스는 '지식'에서

시작된다

모든 직종에서 '모르는' 것은 불리하다

센스란 무엇인가, 센스가 어떻게 필요한 시대인지 이해했다면 '어떻게 센스를 지녀야 할 것인가?'라는 본론으로 들어가자.

'센스 있는 사람이 되고 싶다면 평범함을 알아야 한다'고 말했다. 그리고 평범함을 알기 위한 유일한 방법은 지식을 얻는 것이다.

센스란 지식의 축적이다.

문장을 쓴다고 상상해보자.

'ㄱㄴㄷㄹ' 밖에 모르는 사람과 '가'부터 '하'까지 아는 사람이 있다. 누가 이해하기 쉬운 문장을 쓸 수 있을까? 누가 다른 이를 기쁘게 하는 문장을 쓸 수 있을까?

삐딱한 사람이라면 'ㄱㄴㄷㄹ 만으로도 훌륭한 문장을 쓰는 사람이야말로 센스 있지'라고 말할지도 모른다. 하지만 글자를 모두 알고 있는 사람과 경쟁한다면 누가 이길지는 명백하며 이를 부정할 수는 없다.

만약 한판 대결이라면 ㄱㄴㄷㄹ 밖에 모르는 사람이 이길지도 모르지만 몇 번 이상 경쟁해야 한다면 마지막에 승리하는 것은 글자를 모두 아는 사람일 것이다. 게다가 ㄱㄴㄷㄹ 만으로 멋진 문장을 만들 수 있는 사람이라면 글자에 대한 지식이 매우 풍부하고 글자도 모두 다 알고 있을 것이다.

센스 있는 문장을 쓰려면 글자를 많이 알고 있는 편이 압도적으로 유리하다. 이것은 사실이다.

문장이라는 비유를 사용했지만, 이는 일이나 살아가는 과정에서도 마찬가지다. 지식이 있으면 있을수록 가능성을 넓힐 수 있다.

센스란 지식의 축적이다.

지식이라는
것은 종이이고,
센스는
그림이다.

센스의 재발견

지식이라는 것은 종이이고, 센스는 그림이다.

종이가 크면 클수록 그릴 수 있는 그림이 자유롭고 대범해질 가능성이 높아진다.

도로를 청소하는 사람은 '깨끗한 도로'라는 가치를 만드는 일에 종사하니 깨끗하게 만드는 것이 어떤 뜻인지 잘 알고 있을 것이다.

편의점에서 일하는 사람은 '편리함'이라는 가치를 고객에게 주는 업무에 종사하고 있으니 편리함이 어떤 것인지 잘 알고 있을 것이다.

깨끗한 도로, 혹은 편리함이라는 것은 얼마만큼 가치가 있는 것일까? 어떻게 해야 그 가치를 지킬 수 있을까? 이런 지식이 없다면 설명서대로 일할 수밖에 없다.

모든 일은 가치를 창조함으로써 대가를 얻는다.

번뜩임보다는 지식을 쌓자

'다른 사람과는 전혀 다른 것'

여러분은 실은 여기에 가장 큰 함정이 존재한다는 것을 눈치 챘는가?

머리말에서도 다루었지만 무언가를 기획할 때, 특히 학생들은 "누구도 본 적 없는 기획을 하고 싶어요"라고 말한다. 그렇게 번뜩임을 기다린다.

하지만 나는 '누구도 본 적 없는 것'이라는 지식을 쌓는 일이 중요하다고 말한다.

이 세상에 '누구도 본 적 없는 깜짝 놀랄만한 기획'이라는 것은 실은 발에 챌 정도로 많이 굴러다닌다. 그런데 '깜짝 놀랄 기획'에는 두 종류가 있다.

세상에서 가장 적은 것은 '누구도 본 적 없는 놀라운 대박 기획.' 내가 생각하기에는 2% 정도이다.

다음으로 적은 것이 '그다지 놀랍지 않은 팔리지 않는 기획'이라는 것이 15% 정도 있다.

다음은 '그다지 놀랍진 않지만 팔리는 기획.' 뜻밖에 많아서 20% 정도이다.

그리고 가장 많은 것은 '놀랍지만 팔리지 않는 기획'으로 나머지 63%로 절반 이상을 차지한다.

즉, '누구도 본 적 없는 놀라운 기획을 만들고 싶다'고 생각하는 사람은 단 2%의 '놀라운 대박 기획'에만 눈이 가서 전체 63%를 차지하는 '놀랍지만 팔리지 않는 기획'은 눈을 감고 무시한다.

우선은 '놀랍지만 팔리지 않는 기획'이 많다는 사실에 눈을 돌리자. '놀랍지만 팔리지 않는 기획'은 마니아층을 대상으로 삼는 경우를 제외하고는 사회가 원하는 경우는 거의 없다. 그렇게 냉엄한 현실을 깨달은 후 '그다지 놀랍진 않지만 팔리는 기획'에 주목하면 좋을 것이다.

예를 들어 아이폰은 일찍이 없었던 상품이지만 일반전화, 휴대전화 등의 계통을 따른 것이다. AKB48(2005년에 결성된 일본의 여성 아이돌 그룹)이 오냥코 클럽(1985년에 결성된 일본의 여성 아이돌 그룹), 모닝구 무스메(1997년에 결성된 일본의 여성 아이돌 그룹)의 계통을 이었듯이 말이다. 인터넷도 파발꾼, 우편, 전보, 텔렉스, 팩스 등으로 진화한 통신수단의 계통 속에 있다.

즉, 과거에 존재했던 모든 것을 지식으로써 축적하는 일은 새로이 팔 물건을 만들기 위해서는 필수불가결하다.

우선은 지식을 쌓자. 과거의 축적, 바꿔 말하자면 '놀랍지 않은 것'을 많이 알수록 창조적인 토양은 넓어진다. 그런 다음에 놀라운 아웃풋을 지향해야 한다.

'마음이 설레는 모험 같은 여행을 떠나고 싶다'고 생각해보자. 하늘에서 "남쪽으로 가라!"고 번뜩이는 순간이 찾아오길 기다렸다가 목적지를 정하는 사람은 없다. 대부분 사람은 '유럽은 이러이러한 곳이고, 본적도 없는 비경은 이 부근'이라는 사전 지식을 갖고, "그럼 네팔로 가볼까"라며 목적지를 정한다. 잡지나 텔레비전에서 네팔을 본 적도 들은 적도 없는 사람은 거의 없겠지만, 그래도 충분히 네팔에서 신선한 여행을 즐길 수 있다.

물론 내가 말하고 싶은 것은 '놀랍지 않은 것을 내놓으라'는 이야기가 아니다. '새로운 번뜩임 같은 것은 무리니까 그만 두세요'라고 말하려는

즉, 과거에 존재했던
모든 것을 지식으로써
축적하는 일은
새로이 팔 물건을
만들기 위해서는
필수불가결하다.

것도 아니다.

　방향성을 정한 다음 기획을 가다듬을 때는 깜짝 놀라게 할 만한 것을 지향해야 하며 최종적인 아웃풋은 새롭고 아름다우며 각이 살아 있는 것이어야 한다. 하지만 아웃풋 전 단계에서는 지식을 토대로 방향성을 결정하는 것이 중요하다.

하지만 아웃풋
전 단계에서는
지식을 토대로
방향성을 결정하는
것이 중요하다.

센스의 재발견

기술혁신은 지식과 지식의 교배다

이노베이션은 원점에서 무언가를 만드는 것이 아니다.

《아이디어 접착제》(아사히신문출판)에서도 썼지만 '1에서 2를 만든다', 'A에 B를 더해서 C로 만든다'는 뜻이라고 생각한다.

세상에 이미 존재하는 A라는 것과 자기가 본 적 있는 B를 붙여서 C를 탄생시킨다. 이 작업을 높은 타율로 성공하면 우수한 크리에이터가 될 것이다. 아무도 제로에서 갑자기 C를 만들지 못한다.

A를 자세히 알고 있다면 A□를 만들 수 있다. A에 대한 지식과 B에 대한 지식이 '뜻밖의 이 두 가지를 합치면 어떻게 될까?'라는 발상을 이끌어서 C를 창조한다. 의외의 조합을 만들기 위해서는 더 많은 D, E, F… 라는 지식을 쌓는 일이 중요하다.

'놀랍지는 않지만 새로운 것'이란 사실은 A'이며, 갑자기 X까지 날아가면 시장이 전혀 원하지 않는 경우도 있다.

'앗!' 보다는 '오~'에 히트가 잠재되어 있다.

워드 프로세서 일반전화를 사용했던 사람에게 휴대전화나 컴퓨터는 '오~'였다. 하지만 에도시대 사람에게 스마트폰을 건넨다면 '앗!'이라고 생각할까? 아마도 '앗!'이 아니라 '엥?'이라는 반응을 보일 것이며, 결국 스마트폰을 원하지 않을 것이다.

"어디가 좋은 거야? 뭐든지 할 수 있다니, 안에서 금화가 나오는 것도 아니잖아. 그럼 됐어, 필요 없어"라고 할 것이다.

가령 내가 "이 전화로 언제 어디서든 멀리 떨어진 사람과 이야기할 수 있어. 사용법은 우선…"이라고 설명하기 시작하면 에도시대 사람은 "아니, 봉화가 있으니까 필요 없어. 게다가 항상 갖고 다녀야 한다니 됐어"라고 거절할지도 모른다.

깜짝 놀라는 마음의 이면에는 공포가 잠재되어 있다.

예를 들어 "내일, 화성에 데려가 줄게"라고 누가 말한다면 "가고 싶어! 갈래!"라고 바로 대답하는 사람이 몇 명이나 있을까?

몇 개월 후라면 '가고 싶다'고 대답하는 사람은 많을 것이다. 하지만 내일 당장이라면 이야기는 전혀 달라진다. 일정이 비어 있어도 그 순간 주저하는 사람이 많을 것이다.

정말 안전한지, 좀 더 확인해야 하는데, 식사는 우주식이겠지만 그래도 어떤 종류인가? 화장실은? 세면도구는? 케네디 우주센터에서 출발한다면 영어가 유창해야 하나?

새로운 것을 의심하는 마음, 어떤 느낌인지 사전에 확인하고 행동하려는 마음은 원시시대부터 위험과 함께 살아온 인간의 본능에서 온다. 확인하고 싶은 본능이 없다면 '맛집 블로그'나 '여행 블로그' 같은 입소문 블로그가 이만큼 인기를 얻을 수도 없다.

새로운 것을 접하면 과거의 것이나 과거의 지식과 대조해서 생각하는 것이 자연스러운 일이다.

우리는 또한 미래와 과거가 서로 맞당기고 있는 세상에 존재한다. 사람이 미래를 끌어당기는 진화만 하는 생물이라면 골동품 애호가나 일정 주기로 지나간 패션이 다시 유행하는 일도 없을 것이다. 오래된 것을 사랑스럽게 생각하고 옛것을 '아름답다'라고 느끼는 감정이 미래로 새로운 것으로 나아가게 만드는 힘에 대항해서 균형을 잡아준다.

이러한 균형을 익히지 않고 기획을 생각하면 너무나 선진적이고 공격적인 누구도 따라올 수 없는 독선적인 기획이 된다.

센스의 재발견

깜짝 놀라는
마음의 이면에는
공포가
잠재되어 있다.

새로운 것을 접하면
과거의 것이나
과거의 지식과
대조해서 생각하는
것이 자연스러운
일이다.

센스의 재발견

엔진과 전기 모터의 힘으로 기름 값 절감과 친환경을 실현한 하이브리드 자동차. 기존의 조명기구를 대체할 수 있지만 수명은 훨씬 긴 LED 전구. 메일, 채팅, SNS, 전화 등이 일체화된 기능을 갖추고 있지만 훨씬 간편한 LINE….

다들 '오~'라고 생각하는 것은 어느 정도 알고 있는 것의 연장선에 있으면서 획기적으로 다른 것이다. '있을 법한 데 없었던 것'이다.

종래의 사고방식에서 벗어나 독창성만 고집한다면 말 그대로 '독선적인 창조'가 된다. 물건을 만드는 사람은 새로움을 좇으면서도 과거에 대한 경의를 잊지 않는 것이 중요하다.

과거로부터 배울 때는 무엇을 단서로 삼을지 꿰뚫어 보는 것이 중요하다.

새로운 아웃풋의 본보기나 비결이 되는 것은 무엇인가?

그것을 알 수 있는 실마리가 되는 것은 지식이다. 풍부한 지식이 있으면 센스를 기르기 위한 좋은 스승을 많이 둔 것과 같다. 단 한 명의 스승이 아니라 훨씬 많은 그것도 뛰어난 스승에게 배우는 것이 능력을 높여줄 것은 두말할 필요도 없다.

다들 '오~'라고
생각하는 것은 어느
정도 알고 있는 것의
연장선에 있으면서
획기적으로 다른
것이다. '있을 법한 데
없었던 것'이다.

물건을 만드는
사람은 새로움을
좇으면서도 과거에
대한 경의를 잊지
않는 것이 중요하다.

센스란 지식을 토대로 한 예측이다

좋은 센스를 지니기 위해서는 지식을 쌓고 과거에서 배우는 일이 중요하다. 동시에 센스란 시대를 한 걸음 앞서 읽는 능력도 가리킨다.

먼 미래로 뛰어들어가면 소비자는 미지에 대한 공포와 위화감을 느껴 따라오지 않는다. 아웃풋 그 자체는 시대보다 반걸음 앞서야 한다. 하지만 반걸음 앞선 아웃풋을 만들기 위해서는 한걸음 앞, 두 걸음 앞을 읽는 센스가 필요하다.

과거를 알고 지식을 쌓는 것과 미래를 읽고 예측하는 것은 얼핏 보면 모순 같다. 하지만 이 두 가지는 명확하게 연결되어 있다. 지식을 토대로 예측하는 것이 센스이다.

일례로 경영 센스에 대해 생각해보자.

'앞으로의 사업 계획을 위해 이 벤처기업을 매수해야겠다'는 식으로 미래를 읽는 능력이 뛰어난 경영자가 있다. 그는 뛰어난 경영 센스가 있으며 매우 감각적이라고 평가된다. 실제로 "사장님은 어떻게 시장의 흐름을 예측하시는 겁니까?"라는 인터뷰에 대해 "오랜 세월로 얻은 감입니다"라고 대답하는 경영자도 있다.

하지만 내가 봤을 때 그런 사장은 아마도 시장에 대해 막대한 지식과 경험을 쌓아 그를 토대로 자기 나름대로 예측을 하고 경영 판단을 할 것이다.

또 하나의 예로 점을 들겠다.

무척 잘 맞추기로 유명한 점쟁이는 '초능력이 있다'고 한다. 그러나 점쟁이의 언동을 잘 살펴보면 '자기가 가진 지식을 총동원해서 설득하고

지식을 토대로
예측하는
것이 센스이다.

있다'고 느끼는 경우도 적지 않다.

게다가 점에는 여러 종류가 있어서 통계학과 비슷한 것도 있다. 나도 한때 흥미를 갖고 10권쯤 책을 읽고 풍수는 점이 아니라 사실 기의 흐름과 관련된 지식의 집대성이라는 사실을 깨달았다.

기공의 '기', 전기의 '기'가 아니라 대기(大氣)의 '기.' 풍수란 문자 그대로 물과 바람 그리고 습도와 온도 등과 같은 날씨와 지질의 지식을 토대로 산출된 미래에 대한 지침이다.

어느 틈에 '현관에 노란색 물건을 두라'는 식으로 이야기가 변했지만 원래 풍수는 도시계획이었다.

'어떻게 해야 병에 걸리지 않고 전쟁이 발생해도 지키기 쉬우며 물의 흐름과 바람의 흐름을 따른 아름다운 도시를 만들 수 있을까' 하고 생각했을 때 과거의 예, 습도, 바람 방향, 토지 구조 등의 지식을 참고해서 결론을 내린 것이다.

단순히 말하면 '통풍이 나쁘고 곰팡이가 잘 피는 환경에 도시를 만들면 질병이 유행한다. 환자나 사망자가 많은 도시는 번영할 수 없다'는 것은 합리적이고 당연한 이야기다. 그렇게 되지 않도록 도시계획을 세우고 사람들이 이해하기 쉽게 설명하기 위해서 '동쪽과 북쪽에 용을 두어라'는 이미지를 사용한 것이다. 그리고 잘 맞추는 점쟁이는 무척 센스 있는 사람이다.

현대에서도 극히 일상적인 부분에서 지식을 토대로 예측할 수 있으며, 예측할 필요가 있다. 그것이 센스를 기르는 일로 이어진다.

내가 다이칸야마에 사무실을 만들기로 구상했을 때, 건물이 완성되기도 전에 미리 계약했다. 빈터에 가설 울타리가 생기고 기초공사가 시작되었을 때 안내 표지판에 쓰여 있는 시공사에 바로 연락해서 "여기

현대에서도 극히
일상적인 부분에서
지식을 토대로
예측할 수 있으며,
예측할 필요가
있다. 그것이
센스를 기르는 일로
이어진다.

생길 건물에 관심이 있는데 도면 좀 보여주실 수 있을까요?"라고 부탁했다. 태양이 내리쏟아지는 기분 좋은 사무실, 그리고 옥상으로 올라가면 마치 해변에 온 것 같은 개방감을 만끽할 수 있다. 굿 디자인 컴퍼니는 이렇게 만들어졌다.

사무실을 얻는 것은 큰 결단이다. 어떤 건물이 생길지도 모르는데 '이 땅이 좋아! 뭔가 느낌이 좋아'라는 이유로 갑자기 결정한 나를 두고 '센스로 정했다'고 말하는 사람도 있고, '직감이 대단하다'고 하는 사람도 있지만 실제로는 지식을 통해 내린 결정이다.

우리 사무실이 있는 장소는 지대가 높아서 볕이 잘 들고 바람도 잘 통해서 기분이 좋다. 게다가 제2종 중고층 주거 전용 지역이기에 앞날을 보았을 때 주변에 시끄러운 상업 시설이 세워질 일도 없다.

가끔 '방에서 도쿄타워가 보여서 이 집을 샀는데 눈앞에 높은 빌딩이 들어와서 보이지 않게 되었다'며 불만을 내뱉는 사람이 있는데 이런 사람은 지식을 통한 예측을 하지 않은 유감스럽게도 센스가 부족한 사람이다. 지식이 없어도 조사하거나 남에게 물어보면 알 수 있는 사실을 그 품을 들이기를 아껴서 잘못된 선택을 한 것이다.

가령 얻으려는 방이 수도고속도로(도쿄 도의 도쿄 23구와 그 주변 지역에 있는 총 322.5km의 유료 자동차 전용도로)가 보이는 맨션이라면 시끄러워도 빌딩이 세워질 가능성은 상당히 낮다. '도쿄타워가 보이는 방'이라는 희망이 이루어진다. 수도고속도로를 개축할 예정이 있다면 어느 지역이 대상인지 하는 지식을 얻는 것이 정확한 예측에 도움이 된다.

그리고 야마노테도리(일본 도쿄 도 시부야 구의 길) 등을 잘 관찰하면 알겠지만 장화처럼 L자형으로 건물이 세워진 토지가 있다. 이는 대개 도로 확장을 위해 구획정리 시행 예정이 있는 토지로 몇 년 후에 재건축할 수 있는 건물만 세울 수 있다. '넓은 길가에 가게를 내고 싶다'고 생각하는 사람은 이런 길을 점찍어두면 그곳은 언젠가 넓은 길이 될지도 모른다. 이러한 도시계획은 몇 십 년 전에 결정되니 이를 아는지 모르는지, 혹은 조사했는지 아닌지에 따라 정확한 예측을 할 수 있는지 아닌지가 결정된다. 지식의 축적과 예측의 반복으로 센스가 길러진다.

축적된 객관적인 정보가
그 사람의 센스를 결정한다

센스가 지식으로부터 성립한다는 것은 이미 모두 설명했다.

단 하나 더 덧붙인다면, 지식이라면 뭐든지 상관없다는 이야기는 아니라는 것이다.

알기 쉽게 패션을 예로 들어보겠다.

학생 때부터 '평범한 스웨터를 입었는데 무척 센스 있는 멋쟁이'라고 느껴지는 A군이 있다고 치자.

그는 별생각 없이 '평범한 스웨터'를 골랐을 텐데 이상하게 센스가 좋다고 옷에 관심이 없는 사람들은 그렇게 생각하지만, 명백히 다르다.

A군은 사실 열심히 패션을 공부해서 옷이나 그때 유행하는 아이템을 잘 알고 있다. 게다가 자신의 체형, 개성, 분위기 등 객관적인 정보도 확실히 알고 있어서 두 지식을 합쳐서 옷을 고르는 것이다.

한편 '항상 유행하는 복장을 하고 있어서 패션을 좋아하는 건 알겠지만 센스는 없어 보이고, 멋져 보이지도 않는' B양도 있다. B양도 A군과 마찬가지로 패션에 대해 열심히 공부하지만, 그녀의 지식은 매우 치우쳐 있어서 '지금 뭐가 유행하는지'라는 점에 한정되어 있다. 어쩌면 '이것이 남자한테 인기 있는 옷!'이라는 정보를 입수했을지도 모른다. 하지만 자신의 체형, 개성, 분위기 같은 객관적 정보는 갖고 있지 않다. 그 결과, 자신에게 어울리는 옷이라는 목적을 이루지 못한 복장을 하게 되어 센스도 없어 보이고, 멋져 보이지도 않는다.

이 예를 통해 알 수 있듯 센스 있는 사람이 되려면 단순히 유행

센스 최대의 적은
확신이며 주관성이다.
확신과 주관에 따른
정보를 아무리 모아도
센스는 좋아지지
않는다.

확신을 버리고
객관적인
정보를 모으는 일이야말로
센스를 좋게
만드는 중요한
방법이다.

정보를 모으는 것만으로는 부족하다. 수치화할 수 없는 사실과 현상을 최적화하기 위해서는 객관적인 정보만큼 중요한 것은 없다.

센스 최대의 적은 확신이며 주관성이다. 확신과 주관에 따른 정보를 아무리 모아도 센스는 좋아지지 않는다.

우리는 다들 각자 나름대로 확신한다. 사고방식, 지금까지 삶의 방식이 그 사람의 100%를 만든다. 패션에 한해서가 아니라 사업 계획이나 기획도 우리는 상당히 주관적인 틀에서 벗어날 수 없다.

자유로워질 수 없으니까 의식적으로 확신에서 벗어나야 한다. 확신을 버리고 객관적인 정보를 모으는 일이야말로 센스를 좋게 만드는 중요한 방법이다.

나는 농담 반 반 진담 반으로 "학교에 센스를 가르치는 수업이 있으면 좋겠다"고 말한다. 학교 교육이야말로 객관적인 정보를 모으는 방법을 가르치기에 효율적인 조직이기 때문이다. 역사 지식, 수학 지식은 객관적인 정보로 다루면서 미의식에 관련된 지식은 모두 자기 학습으로 내버려두고 있으며, 그 결과 객관적인 정보를 모을 수 있는 A군과 모을 수 없는 B양이라는 차이가 발생한다.

두 살짜리 남자아이가 무척 센스 있는 복장을 고를 수 있느냐고 묻는다면 무리다. 물론 아이마다 다소 차이는 있겠지만 A군 같은 아이도, B양 같은 아이도 거의 없을 것이다. 선천적인 센스라는 것이 만일 있다고 해도 이는 겨우 몇 퍼센트로 후천적인 요소가 매우 강하다.

분홍색을 좋아하니 분홍색 옷을 사고, 아웃도어를 좋아하니 아웃도어 용품을 사고, 기능성이 뛰어난 제품을 좋아하니 스포츠 브랜드 옷을 산다, 아무튼 싼 것이 좋으니 싼 옷을 산다.

무슨 이유로든 사람은 호불호를 선택한다. 호불호라는 것은 주관적일 수밖에 없다.

거기에 '어떤 옷이 내게 어울리는가'라는 객관성을 더한다면 수치화할
수 없는 사실과 현상을 최적화하는 센스의 힘이 발휘될 것이다.

당신이 다행스럽게도 A군 타입이라면 객관적인 정보가 계속 축적될
것이다. 유감스럽게도 센스에 자신이 없는 B양 타입이라면 '좋다'라는
주관을 제외한 객관적인 정보를 모아보자. A군, B양과는 달리 '좋아하는
것도 없고, 지식도 없다'면 새하얀 캔버스 같으니 객관적인 정보는 그만큼
더 모으기 쉽다. 다만 지식 획득을 위한 노력을 지금까지 하지 않았다는
것을 자각하는 편이 좋다.

'센스 있는 가구를 고르고 싶은데 고를 수가 없다'는 사람은 원래
인테리어에 딱히 대단한 지식이 없다. 그런데 인테리어 가게 몇 군데를
보고 기껏 5~6권의 잡지를 읽은 정도로 "난 도저히 모르겠어"라고
말한다.

그러나 휙 보기만 해도 센스 있는 가구를 고르는 사람은 아마도
인테리어 잡지를 100~200권은 읽었을 것이다. 어쩌면 가게를 돌아보고
인테리어를 잘 아는 사람에게 물어보며 그에 필적할 정도의 정보를 얻었을
것이다. 공부처럼 괴로운 노력이 아니라 취미생활로 즐겼을지도 모르지만,
결과적으로 막대한 지식의 축적을 이룬 것이다. 게다가 '내 방'을
객관적으로 볼 수 있는 안목도 갖고 있으니 어울리는 가구를 고를 수 있다.

센스에 자신이 없는 사람은 자기가 사실은 얼마나 정보를 모으지
않았는지, 자신이 가진 객관적인 정보가 얼마나 적은지를 우선 자각하자.
아무리 짧은 시간 내에 사물을 최적화할 수 있는 사람이 있다고 해도
그 사람의 센스는 감각이 아니라 막대한 지식의 축적이다. 센스란 다시
말해 연구를 통해 누구나 손에 넣을 수 있는 능력이라고 할 수 있다. 결코,
타고난 재능이 아니다.

센스의 재발견

Part 4

센스로

업무를 최적화하다

'유행한다=센스가 좋다'가 아니다

'센스는 지식이 중요하다. 모든 지식을 다 얻도록 하라.'

갑자기 이런 말을 들으면 당혹스러운 사람도 많을 것이다.

"어디서부터 손을 대야 좋을지 모르겠어."

"처음부터 공부하라니 그럴 시간이 어디 있어. 효율적인 방법이 필요해."

이런 사람을 위해서 이 장에서는 센스를 기르기 위해 지식을 늘리고 일을 최적화하는 비결을 정리하겠다.

본론에 들어가기 전에 전제로 '유행하는 것=센스 있는 것'이 아니라는 점을 이해해야 한다. 이것을 틀리는 사람은 뜻밖에 많다.

패션으로 말하면 유행하는 것만 입은들 자기 체형이나 개성과 어울리지 않으면 멋져 보이지 않는다.

상품 개발도 마찬가지다. '유행하는 상품' 패키지 디자인의 분위기만을 베낀들 소비자가 '좋다'고 생각하지 않는다.

'그거야 당연하지'라고 생각할지도 모르지만, 이 함정에 빠진 상품 개발자는 뜻밖에도 많다. 유행한 상품의 외관만을 베낀 결과 이도 저도 아닌 이상한 물건이 탄생한다. 결국 소비자에게 선택받지 못하고 오래가지 못하는⋯, 이런 상품이 무척 많다.

몇 년 전의 일이다. 신상품 발매 직후에 가게 앞에서 보고 아, 과연 대단하다고 탄성을 내지른 상품이 있었다. 바로 아사히 맥주의 새로운 분야 〈클리어 아사히〉다. 이때까지 이 분야에서는 다른 회사 제품이 독주 상태였는데, 이 패키지를 본 순간 '이건 팔린다!'라고 확신했다. 무심결에 "굉장히 뛰어난 디자인 상품을 발견했어!"라며 직원들을 위해 사서 돌아갔을 정도이다.

프롤로그에서도 다루었지만 팔리는 물건에는 반드시 '시즐(sizzle)'이 존재한다. 시즐이란 본래 '고기가 지글지글 구워지는 모습'을 나타내는 영어 단어이다. 광고업계에서는 맛있어 보이게 연출하는 것을 가리킨다. 나는 더욱 광범위하게 사용하는데 '그 물건다움'을 시즐이라고 표현한다.

〈클리어 아사히〉는 정말 '시즐' 그 자체. 지금 당장에라도 캔에서 흘러넘칠 것 같은 거품 표현은 '맥주다움'으로 가득하다. 그리고 고급스러운 디자인까지 갖추고 있다. 실제로 이 상품은 맥주가 아니라 제3의 맥주(발포주)라고 불리는 새로운 분야이다. 하지만 그것이야말로 이 패키지의 포인트다. '사실은 맥주가 마시고 싶지만 어쩔 수 없이 새로운 분야를 마셔야 하는' 사람들의 마음을 제대로 공략했다.

〈클리어 아사히〉는 단숨에 높은 판매 실적을 올렸다. 잘 팔린 이유에는 맛이나 광고 등 다양한 요인이 있다. 하지만 가장 큰 이유는 훌륭한 패키지 디자인 때문이다.

그후 나는 슈퍼마켓에서 깜짝 놀랐다. 〈클리어 아사히〉와 너무 비슷한 패키지의 상품이 타사에서 발매된 것이다.

하지만 이 상품이 크게 히트했다는 이야기는 듣지 못했다.

소비자는 민감하다. 두 번째 미꾸라지는 첫 번째 미꾸라지를 이길 수 없고, 많은 소비자에게 받아들여지지 않는다. 유행하는 상품의 외양만을 베껴서는 경합 상품이 될 수 없었던 일례이다. 그런데 이런 예는 얼마든지 곳곳에서 발견할 수 있다.

또 하나 주의해야 할 점은 센스에는 '유통기한'이 있는 경우도 있다는 점이다. 모든 가게를 석권하고 많은 사람을 매료시킨 상품이 어느 날 갑자기 찾아볼 수 없고, 가게에서도 사라져버리는 일은 그다지 드물지 않다. 타이밍을 잘못 계산해서 썰물 때 베낀 제품을 만들어도 세상에 나온 순간 이미 센스 없는 상품이 되는 경우가 있다. 항상 자신의 센스를 갱신하는 것이 중요하다.

효율적으로 지식을 늘리는
세 가지 비결

지식을 늘릴 때는 세 단계의 접근법이 있다. 순서대로 설명하겠다.

① 왕도부터 풀어간다

우선 '왕도'는 무엇인가라는 점부터 끈을 풀어간다.

'왕도'란 제품에 따라서는 '기본적인 것', '가장 좋다고 생각하는 것', '스테디셀러 제품'으로 바꿔 말할 수 있다.

예를 들어 청바지라면 '리바이스 501'이다. 120년 이상의 역사를 가진 아직도 많은 사람에게 사랑받는 기본 중의 기본이다.

왕도는 그 제품다운 시즐을 반드시 포함하고 있다. 왕도의 지위를 확립하기까지 개량되고 세련되어졌으며, '그 제품다움'을 연마했기 때문이다. 반대로 시즐을 갖고 있으므로 많은 사람에게 사랑받고 기본이 된 것이다.

바꿔 말하면 왕도의 제품은 이미 '최적화되었다'고 할 수 있다.

이 책에서 정의한 좋은 센스란 '수치화할 수 없는 사실과 현상의 좋고 나쁨을 판단해 최적화하는 능력'이다. 왕도라는 것은 반드시 이 최적화 과정을 거친 후에 존재하는 것이다.

그래서 왕도를 안다면 그 분야의 제품을 최적화할 때 필요한 지표가 생긴다.

하지만 이런 의견이 나올지도 모른다.

"왕도가 무엇인가, 그것을 알아채는 것이 힘들다."

그 말대로다. 게다가 실은 생각보다 어렵다.

왕도를 안다면
그 분야의 제품을
최적화할 때
필요한 지표가 생긴다.

센스의 재발견

나는 크리에이티브 디렉터로서 기업의 컨설팅에 관여하는 한편, 이것이야말로 이 제품의 기본이라고 할 수 있는 상품을 개발하는 'THE'라는 브랜드도 공동 운영하고 있다. 디자인은 장식 디자인과 기능 디자인으로 나뉘는데 세상에는 장식에 치우친 상품이 너무 많다. 그 현상을 타파하기 위해서는 우리가 제작자가 될 수밖에 없다는 생각에서 시작해 이미 다양한 업체와 협력해서 상품을 개발했으며 언젠가는 'THE 차'나 'THE 맨션'도 시작할 생각이다.

마루노우치 지구(도쿄 도 지요다 구에 있는 비즈니스 거리이자 상업 지구)의 상업 시설인 ‹깃테(KITTE)›에 마련한 점포 ‹더 샵(THE SHOP)›에는 오리지널 상품뿐만 아니라 문구, 의류, 잡화, 완구, 과자, 조리 도구부터 자전거까지 모든 분야의 '기본'을 갖추고 있다. 상품 선택을 위한 회의는 매번 기탄없이 논의가 이루어진다. 가장 흥분되는 순간이기도 하다.

가령 이거야말로 기본이라고 할 수 있는 볼펜은 무엇일까?

문구점에 가면 다양한 제품이 진열되어 있다. 여러 가게를 돌아보면 대충 잘 팔리는 상품이 무엇인지 눈에 들어올 것이다. 인터넷에서 '기본 볼펜'을 검색하면 더욱 많은 정보가 쏟아진다.

그렇다면 기본 볼펜이란 무엇인가? 지금 가장 많이 팔리는 상품? 아니면 과거에 세계에서 가장 많이 팔린 상품? 아니면 부드러운 필기감으로 정평이 난 상품일까? 그것도 아니라면 장인이 대를 이어온 브랜드에서 내놓는 최고급 제품인가? 모두 맞다.

결국, THE에서 선택한 것은 마찰열에 의해 쓴 글자가 지워지는 볼펜 '프릭션'이다. 옛날부터 있었던 기본 상품은 아니지만 '지워진다'는 특별한 기능은 미래의 기본이 될 것으로 생각했기 때문이다.

스포츠 브랜드인 푸마(PUMA)와 함께 오리지널 풋살화(풋살용 신발)를 개발했을 때도 고민이 많았다. 기본이라고 할 수 있는 풋살화란

도대체 무엇인가, 기능인가, 소재인가, 형태인가….

문득 생각난 것이 축구화의 기본 중의 기본인 푸마의 '파라멕시코'였다. 1968년 발매된 이후, 지금까지 사랑받고 있는 상품인 이 스파이크는 미우라 선수(일본의 유명 축구 선수)가 신는 축구화로도 유명하다. 때마침 미우라 씨가 풋살 일본대표 멤버로 뽑혔다는 뉴스가 세간을 떠들썩하게 하던 시기였다.

그래서 '파라멕시코'의 윗부분은 그대로 사용하고 고무바닥에는 최신 기술이 집약된 풋살용 바닥을 장착했다. 완성된 ‹더 풋살 슈즈(THE FUTSALS SHOES)›는 한정 수량이라 눈 깜짝할 사이에 다 팔렸다.

인터넷이 많이 보급된 시대이니 대부분의 일은 조사할 수 있다. 하지만 어느 것이 '왕도'인지를 판별하려면 정보의 바다에 빠져 죽을 것이다.

허다한 정보 속에서 나름대로 이해가 가는 '왕도'를 찾는 과정에서 당신은 실은 또 한 가지 다른 작업을 하고 있다.

그것은 센스 향상을 위해 필수불가결한 '지식'의 획득이다.

그 상품이 왕도라는 근거를 찾아 조사하는 과정에서 여러 가지를 취사선택한다. '왕도'를 발견하기까지는 수많은 '왕도라고 인정할 수 없다고 판단한 것'과 만나게 된다. 가격이 적당한 것, 무척 비싼 것, 가장 많이 팔리는 것, 품질이 매우 뛰어난 것, 특별한 기능을 겸비한 것….

결국 '왕도'를 찾았을 때는 그 분야에 관계된 폭넓은 지식을 얻었으며, 그 상품을 왕도로 삼은 이유뿐만 아니라 '어째서 다른 B라는 상품을 왕도로 인정하지 않았는지'에 대해서도 이야기할 수 있다.

제품에 따라서는 '대중적이라는 조건이라면 이것, 비싸도 상관없으니 장인이 만든 최고급 명품이라면 이것' 하는 식으로 도저히 하나로 압축할 수 없는 경우도 있다. 그것은 그것대로 앞으로 지식을 늘려갈 때의 판단 기준이 될 것이다. 중요한 것은 왕도를 '하나로 정하는 것'이 아니라 그것을 발견하는 '과정'에 있다.

그리고 '왕도'를 찾았다면 이후의 지식과 센스 획득이 쉬워진다. '왕도'를 기준으로 가장 품질이 좋은 상품, 가장 적당한 가격의 상품, 가장 기능적으로 특화된 상품… 등으로 지식의 폭을 쉽게 넓힐 수 있기 때문이다. 기준의 존재 덕분에 획득한 지식도 정리하기 쉬워진다.

② 지금 유행하는 것을 안다

왕도를 정했다면 유행하는 상품에 대한 지식 수집에 착수하자. 왕도의 정반대가 유행이다.

유행하는 것들은 대부분 일회성이다. 그러나 왕도와 유행, 두 가지를 다 알면 지식의 폭을 단숨에 넓힐 수 있다.

유행을 깨닫는 방법으로 가장 효율적인 것은 잡지이다. 가능하다면 편의점이나 서점에 진열된 수많은 잡지를 일독하기를 권한다.

나는 평소 여성지, 남성지, 라이프스타일지에 경제지 등 한 달에 몇 십 권이 넘는 잡지를 읽으며, 여기서 얻은 지식은 많은 도움이 되었다. 인터넷은 신속성은 있지만 유행에 관한 정보는 제대로 정리되어 있지 않다. 하지만 잡지에는 정밀히 조사한 정보가 실려 있다. 여러 권의 잡지를 읽다 보면 유행의 흐름이 보인다.

시대는 항상 변한다. 수개월 전에 나온 신제품 때문에 이제껏 부동의 지위를 차지했던 기본 상품이 크게 흔들리는 경우도 있다. 지식을 정기적으로 갱신하는 것은 센스의 향상으로 이어진다.

다음으로는 자기 나름대로 다양한 방법으로 지식을 모아야 한다. 어느 정도 지식이 늘어나면 세 번째 단계로 들어간다.

지식을 정기적으로
갱신하는 것은
센스의 향상으로 이어진다.

센스의 재발견

③ '공통점'과 '일정 규칙'이 없는지 생각한다

이것은 지식을 모은다기보다는 분석하거나 해석하는 일로 자기 나름대로 지식을 정제하는 과정이다.

일례로 나는 인테리어에도 손을 대고 있다. 일을 시작했을 때 주로 했던 것은 로고 등의 그래픽 디자인 작업이었으니 인테리어 디자인을 시작했을 무렵에는 당연히 인테리어에 관한 지식은 거의 없었다. 그래서 지식 인풋부터 시작했다.

가장 먼저 한 일은 일본풍이나 서양풍을 불문하고 오랫동안 사랑받고 있는 오래된 가게 인테리어를 잔뜩 보러 돌아다녔다. 즉, '인테리어의 기본은 무엇인가'라는 지식을 축적하는 일이었다. 동시에 많은 사람이 들린다는 점에서 '일정 기준이 마련된' 편의점 등도 주의해서 돌아보았다.

두 번째로 한 일은 현재 인기 있는 가게에 아주 많이 다닌 것이다.

세 번째는 왕도와 유행 외에도 다양한 가게를 주의 깊게 보며 '공통점은 무엇일까?' 하고 생각하는 일이었다.

그런 과정에서 내 나름대로 발견한 '들어가기 쉬운 가게(=번창하는 가게)'에서 공통적인 규칙을 발견하기 시작했다. 이는 상당히 구체적으로 '바닥은 어두운 색', '입구가 높지 않음', '잡화점은 다른 손님과의 거리가 가깝고 살짝 어수선한 느낌을 주는 곳이 손님이 많음' 등등이다.

'바닥은 어두운 색'이라는 것은 뜻밖이라고 느낄 것이다. '세련되고 깨끗하다=밝은 색'이라고 생각해서 밝은 색 바닥이 좋다고 생각하는 사람도 있을 것이다. 하지만 내 나름의 분석은 '일본인은 신발을 벗는 문화가 있어서 화이트나 베이지 등 바닥이 너무 깨끗한 색이면 더럽힐 것 같아 심리적으로 주저하게 된다'는 것이다. 입구에서 '얼룩 하나 없는 새하얀 바닥이네. 더럽힐 것 같으니 이 신발로 편하게 들어가기는 좀 그래'라고 주저하는 마음이 들면 고객은 기가 눌린다.

지식의 축적을 통해
만든 가게가
‘센스 있는 가게’라고
불리게 된 것이다.

'잡화점은 어수선한 편이 좋다'고 하는 것도 잡화라는 상품의 특성을 알기 때문에 내린 분석 결과이다.

잡화점에 명확한 목적을 갖고 쇼핑하러 오는 사람은 드물다. 대부분은 '예쁜 가게니까 들어가 보자!' 혹은 '선물로 뭘 사면 좋을까?' 등 막연한 동기에서 가게를 찾는다.

그런 손님에게는 어수선한 분위기 속에서 새로운 물건을 '발견하는' 것이 바로 재미다. 이런 재미를 맛볼 수 있는 공간을 만드는 것이야말로 잡화점에 필수불가결한 요소다. 너무 질서정연한 공간이면 내가 뭘 보는지 다른 사람이 쳐다보는 것 같아서 차분하게 고를 수가 없다.

한 사람이 지나갈 수 있는 통로의 폭은 아무리 좁아도 600㎜는 되어야 한다. 900㎜는 양보하면서 다른 사람과 스치게 되고, 1,200㎜면 지장 없이 상호 통행할 수 있다. 하지만 내가 본 곳 중에는 최저라고 하는 600㎜에 못 미치는 500㎜ 정도의 좁은 통로를 가진 잡화점도 있었다. 확실히 좁긴 좁았지만, 개인이 경영하는 자그마한 잡화점이었기에 이것이 또 '작은 잡화점다운 시즐'을 만들어내고 있었다. 그것을 보고 '아, 이런 방법도 있구나' 하고 또 하나를 배웠다.

반대로 내가 어떤 사무실 인테리어를 맡았을 때는 통로 폭을 일부러 넓게 만들기도 했다. 서로 충분히 통행할 수 있도록 1,200㎜보다 더 넓은 1,400㎜로 만들어서 넉넉한 공간으로 완성했다.

여기서 서술한 것처럼 나는 공간의 바닥 색이나 상품 선반의 배치도 하늘에서 주어진 번뜩임을 통해 결정한 것이 아니라 지식을 토대로 결정했다. 이러한 지식과 규칙은 어디까지나 내 나름대로 발견한 공통점으로 인테리어 전문가는 뭐라고 할 수도 있다. 다만 적어도 나는 이 규칙을 토대로 여러 가게와 사무실을 디자인했고 지금도 성공적으로

유지하고 있다. 지식의 축적을 통해 만든 가게가 '센스 있는 가게'라고
불리게 된 것이다.

센스로 선택하고 결정한다

업무에서 '센스를 발휘할' 때 제로에서 만드는 경우만 있는 것은 아니다. 오히려 몇 가지 후보 가운데 어느 것이 좋을지 선택하여 결정할 장면이 많고, 성공 여부를 좌우하는 것도 센스임에 틀림없다.

가령 당신이 상품 개발 책임자로 디자이너가 보낸 몇 가지 패키지 디자인 시안을 보고 '이 중에서 하나를 골라주세요'라는 말을 들었다면 어떻게 할 것인가?

모두가 베테랑은 아니며 또 베테랑이라도 센스에 자신 있는 사람만 있는 것은 아니다.

'나는 아직 패키지 디자인 지식이 없어서 자신이 없다.'

'이상한 것을 고르면 '쟤는 센스가 없어'라고 생각할 것 같다. 평가가 낮아질지도 모른다.'

이런 불안으로 인해 결국 자신 없이 다수결로 결정한다. 이런 경험이 있는 사업가는 많을 것이다.

하지만 디자인에 관한 '지식'을 알면 약간은 대처할 수 있다. 구체적인 포인트를 찾기만 해도 많이 달라진다.

디자인을 구성하는 요소는 크게 생각했을 때 ① 색 ② 글자 ③ 사진이나 그림 ④ 형상 등으로 나뉜다. 좀 더 세밀한 요소도 있지만, 우선은 이 네 가지에 주목하자.

이 중에서 ① 색 ② 글자는 지식을 통한 확인 작업이 쉬운 요소다.

① 색은 앞에서 말한 대로 서로 어울리는 색에 주의한다. 같은 계열 색 혹은 보색을 맞추면 균형 있고 예쁘게 보인다. '같은 계열 색? 보색?'이라는

두 가지 기준에 주의를 기울이기만 해도 판단에 도움이 된다.

② 글자는 역사적 지식이 도움이 된다. 서체 중 알파벳은 역사적 배경이 존재한다. 인쇄를 막 시작하던 시절에 만든 옛 서체부터 최근에 만든 서체까지 서체의 종류는 다양하다. 유럽에서 만든 서체, 미국에서 만든 서체, 저마다의 역사가 깃들어 있다. 서체 지식을 축적하는 일도 센스 기르기에 도움을 준다. 유럽풍을 내세워 판매하는 상품에 미국식 서체를 사용하는 것보다는 유럽풍 서체가 잘 어울린다.

물론 프로 디자이너가 아닌 사람이 서체의 역사를 전부 알기는 힘들다. 제안하는 상대는 대부분 프로 디자이너이니 솔직하게 묻는 편이 좋다. "이 서체는 어느 시대의 어떤 서체인가요?"라고 묻는 것이다.

그중에는 이런 질문에 당황하는 디자이너도 있을 것이다. 서체를 확인하는 일은 '이 디자인이 적정화된 것(=센스 있는 것)인지 어떤지'를 판단하는데 어느 정도 도움을 준다.

센스의 재발견

만약 초콜릿 상품 개발
담당자가 된다면?

기본적인 이야기는 전달했다고 생각하니 이제 구체적인 예를
상상해보자.

당신은 갑자기 신상품 초콜릿의 개발 담당자로 임명되어 패키지 디자인
결정을 맡게 되었다. 다음에서 소개하는 단계를 밟는다면 센스 있게
업무를 처리할 수 있다.

① 우선은 왕도라고 여겨지는 초콜릿에 관한 지식을 알아야 한다.
하나는 벨기에나 프랑스 등 고급 초콜릿의 맛과 분위기, 다른 하나는
옛날부터 사랑받아온 스테디셀러 제품인 판 초콜릿 등의 맛과 분위기다.

② 다음으로는 유행하는 초콜릿을 알아야 한다. 최근 발매된 경쟁사의
인기 상품을 조사한다. 요즘 화제가 되는 유럽의 새로운 쇼콜라티에가
만든 획기적인 쇼콜라를 입수한다. 그것을 관찰해서 맛보고 패키지에
어떠한 특징이 있는지 자세히 연구한다.

③ 다양한 초콜릿의 세계에 대해 알았다면 '여기에 공통점은
없는가?'를 생각한다.

공통점에서 우선 의문점을 찾는다. '초콜릿 패키지는 대부분
갈색이거나 빨간색이다. 왜일까?'를 생각한다. '난색 계열이 많은
것은 초콜릿에는 따뜻하다는 이미지가 있어서인가?', '입에서 녹는
초콜릿이라는 이미지를 환기하므로 맛있게 느껴지기 때문인가?'

④ 그 다음에 가설을 검증하고 결론을 맺는다. '하지만 갈색의 보색인
파란색도 함께 사용하면 어떨까? 이번 제품은 벨기에 초콜릿이라는

이미지니까 벨기에 주변에서 만든 서체를 골라보자.'

이런 과정을 거치는 것만으로도 어느 정도의 선까지는 도달한 것이다. 적어도 센스가 없는 패키지가 되지는 않는다. 그에 더해서 디자인에 관한 사소한 지식도 알면 좋을 것이다.

가령 문자나 사진을 배치할 때는 보이지 않는 직사각형을 상상해서 우선은 사각형에 요소를 두는 것이다. 이것이 가장 기본 레이아웃으로, 이것을 바꾸기 시작하면서 재미나 역동감이 생긴다.

이미지 상하좌우에 여백이 있다면 크기는 통일하는 편이 예쁘다.

문장을 배치할 때는 어느 한 행만 튀어나오지 않도록 해야 한다. 각 행의 양 끝이 위에서 아래까지 제대로 정렬되지 않으면 지저분해 보인다.

하나의 이미지에 서체는 두, 세 가지 이상 사용하지 않는다.

그리고 문자를 그냥 입력하기만 하면 자간 여백이 일정하지 않다. 하나하나의 문자 사이 여백이 균일하도록 미세하게 조정하는 '자간'과 '장평' 조정이라는 작업을 꼼꼼하게 하면 단번에 읽을 수 있는 예쁜 레이아웃을 완성할 수 있다… 등등.

모두 디자인의 기본 중에서도 기본이지만 당연한 규칙을 파악하기만 해도 보기에 예쁜 '센스 있는' 이미지로 변한다.

집중해서 나만의 세계에 빠져 작업하는 디자이너가 기본을 깜빡하고 잊어버리는 경우도 있으므로 선택하는 쪽도 기본 지식을 알아두는 것이 센스의 시대에는 더욱 절실해질 것이다.

이제부터는 '정밀도'이다. 현대는 '정밀도의 시대'이며, 쌓아둔 지식을 통한 검증을 다각도에서 반복하는 일이 정밀도와 질을 높일 수 있다.

지식의 질이 정밀도 높은
아웃풋을 창출한다

로고든 상품이든 캐릭터 디자인이든 나는 프레젠테이션을 할 때 절대
쓰지 않으리라 결심한 말이 있다.

"느낌상 이게 좋은 것 같습니다"는 금물이다. 멋지니까, 예쁘니까 등
막연한 표현도 절대 하지 않는다.

대부분의 클라이언트 사이에서는 크리에이티브 디자이너나
디자이너의 '감각' 혹은 '센스'를 믿고 일을 의뢰하는 풍조가 있다.

"제 감각으로는 이 안이 좋은 것 같습니다"라고 말하는 것이 통한다.
실제로 이런 말을 하는 디자이너나 제작자도 존재한다.

그러나 센스가 지식의 축적인 이상 말로 설명할 수 없는 아웃풋은
있을 수 없다. 자신의 센스로 만든 아이디어에 대하여 제대로 말로
설명하고 클라이언트든 소비자든 마음속 깊은 곳에 잠들어 있는 지식과
공명시킨다. 이것이 크리에이티브 디렉터의 일이며 무언가를 만드는
일이다.

이를 위해서는 지식의 정밀도를 높이고 아웃풋의 정밀도를 높여야만
한다.

그랬을 때 비로소 성립하는 것이 센스이다.

나는 또한 기회가 있을 때마다 '정밀도의 시대다'라는 발언을 한다.
정밀도란 말을 바꾸면 질이다. 어떤 물건이든 질이 높아야만 선택받는
시대가 왔다.

가령 후쿠자와 유키치(일본의 사상가)에 대하여 세 명이 긍정적인

"느낌상 이게
좋은 것 같습니다."

센스의 재발견

평가를 했다고 치자.

A 씨는 "후쿠자와 유키치는 대단하지"라고 말한다.

B 씨는 "후쿠자와 유키치는 게이오대학을 만든 사람이니까 대단하지"라고 한다.

C 씨는 "후쿠자와 유키치는 '일본을 바꾸겠다'며 나카오카 신타로(에도시대 무사로 막부를 토벌하고 왕정복고를 실현을 주도한 인물)가 난리 치던 시절 '다음 시대에는 학문이라는 것이 필요해질 것'이라고 생각해서 게이오대학을 만든 점이 대단하지"라고 말한다.

세 사람의 의견은 같지만 신뢰도와 질은 눈에 띄게 다르다. 다들 자기 의견을 밝히고 있지만 그 의견은 '후쿠자와 유키치에 대한 지식'이라는 토대로 이루어진 식견이다. 센스 있는 발언을 하려면 정확하고 고품질의 '정밀도 높은 지식'이 필요하다.

이는 상품이나 아이디어, 기획도 마찬가지다. 최종적인 아웃풋이란 토대가 되는 지식이 얼마나 뛰어난가, 얼마나 풍부한가 하는 문제로 상당 부분이 결정된다. 센스 있는 사람은 풍부한 양질의 지식을 재료로 발상한다.

이런 이야기를 하면 또 반론이 나온다.

"센스가 있고 없고는 감각적인 부분이라서 지식 외의 부분이 있을 것이다."

그러나 '아, 이 상품은 센스 있는데'라고 소비자가 생각할 때 감각으로 판단할 것 같지만 실은 그 근원에는 지식이 존재한다. '좋다'고 생각한 근거를 말로 표현하기란 무척 어렵고 언어화하기 힘들기에 '뭔가 모르게 좋다', '좋은 건 좋은 거지'라고 치부하게 되지만 사실은 설명 가능한 부분이다.

나는 또한 기회가
있을 때마다
'정밀도의 시대다'라는
발언을 한다.

센스의 재발견

있을 법하지만 없던 것을 만들 때 종종 '차별화'라는 말을 사용한다. 이것은 원래 '정말 사소한 차이'를 가리키는 말이다. 다만 단순히 '정말 사소한 차이'만으로는 안 되고 그 전에 요구되는 것이 '정밀도'이다.

앞에서 말한 것처럼 아이폰은 '모두가 원했던 있을 것 같은데 없었던 것'이다. 하지만 아이폰이 대단한 것은 아이디어나 기능뿐만이 아니다.

제품 디자이너이자 도쿄대학에서 교편을 잡고 있는 야마나카 준지 교수에 따르면 아이폰은 통상적으로 생각할 수 없는 제조 과정을 거쳐 만들었다고 한다.

초기 아이폰 3G의 뒷부분은 플라스틱이다. 외면은 말끔한 평면이지만 내부에는 각종 부품이 들어가기 때문에 플라스틱 안쪽에는 당연히 부품에 따라 요철이 필요하다.

플라스틱 부품 제조 공정은 다음과 같다. 우선 형틀을 만들고 거기에 원료가 되는 수지를 흘려 넣고 식혀서 굳으면 완성된다. 틀을 만드는 단계에서 필요한 요철과 구멍을 전부 틀 자체에 설정하기 때문에 완성 후에 구멍을 뚫거나 깎을 필요가 없다.

하지만 요철이나 구멍이 있는 틀을 사용하면 수지가 식어서 굳을 때 틀어지기 쉽다. 손에 애플 제품이 아닌 스마트폰이 있다면 뒷부분을 빛에 비춰보자. 투영된 빛이 꺾이는 것이 보일 것이다. 이 뒤틀림은 플라스틱 제품의 특징 중 하나이며 불가피하다고 여겨져 왔다. 게다가 저렴하게 보이는 원인이기도 하다.

어느 날 아이폰 3G를 분해해서 부품을 확인해본 야마나카 씨는 뒷면 플라스틱 안쪽에서 뜻밖의 물건을 발견했다고 한다.

그것은 제조 과정에서 처음에 일부러 일정 두께의 플라스틱판을 성형한 다음에 요철과 구멍을 만든 것을 보여주는 흔적이다.

잡스는 틀에 미리 요철을 만들어서 발생하는 플라스틱 표면의

이것은 원래
'정말 사소한 차이'를
가리키는 말이다.

센스의 재발견

뒤틀림을 싫어했을 것이다. 확실히 처음에 일정 두께의 플라스틱판을 성형해 놓는다면 뒤틀어지지 않는 뒷면을 실현할 수 있다.

하지만 이대로는 필요한 요철이나 구멍이 전혀 없는 상태이다.

이를 컴퓨터로 조정하는 드릴을 사용해 깎으면 필요한 요철이나 구멍은 나중에 만들 수 있지만 엄청난 비용과 수고가 들어간다.

성형 후의 플라스틱을 다시 가공하는 것은 제작자의 상식으로는 생각할 수 없는 방법이다. 하지만 애플은 이렇게까지 해서 유리처럼 매끄럽고 아름다운 뒷면을 실현하기를 고집했다.

일본을 대표하는 제품 디자이너로서 수많은 디자인을 했으며 애플의 철학에도 정통한 야마나카 씨조차 분해를 통해 제조 과정을 알아차렸을 때 '이렇게까지 할 줄이야'라고 경탄했다고 한다.

이리하여 전례를 찾아볼 수 없을 만큼 아름다운 아이폰 3G의 본체가 탄생했다. 소비자는 당연히 그 정도의 수고를 들여 만들었다는 것을 모른다. 아니, 원래 아이폰 3G의 뒷면 플라스틱이 틀어지지 않았다는 것을 깨달은 사람 자체가 무척 드물 것이다. 하지만 아이폰이 '정밀도가 높기' 때문에 널리 받아들여졌음은 틀림없는 사실이다.

"아이폰은 뭔가 멋지지 않아?"

"뭔가 센스 있어."

사람의 감각은 무척 섬세하고 민감하다. 구체적으로 어디가 어떻게 다른지는 말하지 못해도 이 제품이 다른 제품과 어딘가 다르다는 것, 이유는 모르지만 멋지다는 것, 높은 정밀도로 세심하게 만들어졌다는 것을 민감하게 느낀다.

얼마나 폭넓은 지식을 갖추었는가? 이를 어떻게 융합할 것인가? 최종적으로 얼마나 정밀하게 만들 것인가? 이러한 일련의 과정이야말로 디자인과 인지도 향상에서 빼놓을 수 없는 요소다.

디자인은 세부에 깃든다.

브랜드는 세부에 깃든다.

이렇게 생각할 때마다 정밀도의 시대임을 다시금 실감한다.

센스의 재발견

사람의 감각은 무척
섬세하고 민감하다.
높은 정밀도로 세심하게
만들어졌다는 것을
민감하게 느낀다.

지식을 덧붙여 소비자를 위한
부가가치로 삼는다

센스로 업무를 최적화한 하나의 사례 연구로써 내가 맡았던
프로젝트를 소개하겠다.

2011년에 코와 주식회사로부터 의뢰를 받았다. 이 회사는 위장약
‹카베진 코와›로 유명한 의약품 제조사로 120년 전 창업 당시에는 섬유
도매상이었다. 지금도 전 세계에서 재료를 수입해서 섬유로 상품화해
의류회사나 소매점에 판매하고 있다. 시작이 이랬기 때문에 ‘섬유 부문에
힘을 쏟으려 한다’는 생각을 갖고 있었다.

내게 의뢰가 들어온 것은 ‘콜트레이크 리넨’의 건이다. 이 원단은
코와를 비롯한 여러 회사가 취급하는 벨기에 콜트레이크 산으로 세계
최고의 리넨이다. 인기가 있는 만큼 원료인 아마가 콜트레이크에서 채취할
수 있는 수확량만으로는 부족해졌다.

그래서 콜트레이크 뿐만 아니라 프랑스나 네덜란드 등 주변 산지의
아마를 사용한 리넨을 만들고 싶어 했다. 샴페인이 샹파뉴 지방에서
만드는 스파클링 와인만 쓸 수 있는 명칭인 것처럼 이 리넨도 같은
상황이니 다른 이름을 붙여서 판매하려고 했다. 주변 지역에서 재배하는
아마는 원래 콜트레이크에서 건너간 것으로 이 지역 아마로 만든 리넨도
똑같이 고품질 제품이다. 어떻게 이 새로운 리넨을 브랜드화 할 수 있을까
하는 것이 담당자의 이야기였다.

‹프리 오가닉 코튼(PRE ORGANIC COTTON)›이라는 면 브랜드
출시에 관여했던 나의 경험을 믿었던 것 같다.

로고 디자인 의뢰를 받고 난 후, 우선 나는 벨기에에 다녀왔다. 두말할 필요도 없다. 콜트레이크 지방에 관한 지식을 쌓기 위해서였다.

의뢰받은 일은 로고 디자인이었지만, 브랜드 이름을 결정하지 않으면 로고는 만들 수 없다.

"리넨은 콜트레이크와 그 주변 지방에서 생산되는 거죠? 나라가 다르지만 그 주변 국경은 자주 바뀌었잖아요. 그 지방을 통일해서 부르는 명칭은 없나요?"

내가 코와 직원에게 이렇게 물어보자 "플랜더스(Flanders, 플랑드르) 지방이라고 해요"라는 답을 들을 수 있었다. 나는 즉시 "플랜더스 리넨이라고 부르면 되지 않나요?"라고 말했다. 코와의 담당자는 "플랜더스 지방의 리넨이라 플랜더스 리넨이라니 그런 당연한 이름으로 괜찮을까요?"라고 놀라워했다. 어쩌면 단순한 발상, 혹은 '센스에 의한 번뜩임'으로 보였을지도 모르겠다.

하지만 내게는 어떤 '지식'이 떠올랐다. 《플랜더스의 개》라는 이야기다. 플랜더스 리넨을 일단 일본에서 잘 팔리는 브랜드로 만들기 위해서 '플랜더스'라는 말은 플러스 요인이라고 생각했다.

《플랜더스의 개》는 애니메이션으로도 만들어져서 일본에서는 매우 친숙한 이야기다. 이 애니메이션을 내가 생각하는 '평범함'이라는 규정으로 측정하면 '진짜 싫어하는 이야기야'라고 생각하는 사람보다는 '진짜 훈훈하고 소박한 이야기야'라고 느끼는 사람이 대다수다. 이런 이미지는 리넨이라는 천과도 조합이 좋다고 생각했다.

"리넨이라는 소재를 좋아하는 사람은 어떤 사람일까?" 하고 대상의 특성을 생각해보니 역시 《플랜더스의 개》와 일치했다.

플랜더스 리넨을 구매하는 대상은 리넨을 좋아하는 사람이며, 리넨을 좋아하는 사람은 소재를 따지는 사람이다. 소재를 따지는 사람은 남성보다는 일단 여성이 많다. 여성 중에서도 핵심 대상이 되는 사람에 따라 리넨 가격은 영향을 받는다. 소재 자체가 고가인 리넨으로 만든 옷은 젊은 사람이 덥석 구매할 가격은 아니다. 핵심 구매 대상은 아무리 낮게 잡아도 20대 후반에서 40대 중반일 것이다.

그리고 여기에는 1970년대 전반에 태어난 단카이 주니어(베이비붐 출생자)라고 불리는 제2차 베이비붐 세대도 포함되어 있는데, 이들은 구매 볼륨층(마케팅 용어)이기도 하다. 게다가 그녀들은 대부분 «플랜더스의 개» 애니메이션을 보며 자랐다.

'지식'의 축적, 자신만의 '평범함'이라는 규정, 대상의 특성부터 검증해서 고급 소재라는 점에서 ‹플랜더스 리넨 프리미엄›이라고 브랜드 이름을 결정했다.

사실 «플랜더스의 개»는 현지에서는 전혀 알려지지 않은 이야기다. 그리고 '플랜더스 리넨'이라는 이름도 현지에서는 사용하지 않는다. 하지만 지금은 그 지역 사람들이 현지 주변에서 만들어진 리넨을 '플랜더스 리넨'이라고 부른다.

브랜드 이름이 결정되면 다음은 로고 제작이다. 현지 역사를 조사해보니 리넨의 원료인 아마를 재배하기 시작한 것은 무척 오래되었으며 독일에서 요하네스 구텐베르크가 활판인쇄를 시작한 1445년 이전임을 알 수 있었다. 서체는 인쇄기 역사의 시작과 함께 발달했다. 리넨에 어울리는 서체는 현존하는 가장 오래된 서체보다도 더 오래된 시대의 서체여야 한다. 활판인쇄가 시작되기 전에 콜트레이크 주변에서 사용하던 글자는 초서체였다. 지금은 문자 그대로 코퍼플레이트(copperplate)라는 서체가 되었기에 로고는 이 서체를 사용하기로 했다.

'지식'의 축적, 자신만의 '평범함'이라는 규정, 대상의 특성부터 검증해서 고급 소재라는 점에서 ‹플랜더스 리넨 프리미엄›이라고 브랜드 이름을 결정했다.

건조공장과 생산자 등을 돌아보는 동안 '리넨이라는 것은 옛날에는 고급 소재였고, 일반인은 상당히 손에 넣기 힘든 천이었다'는 사실도 알게 되었다. 비싸고 고급이라는 이미지에 초서체 글자는 잘 어울린다.

이렇게 해서 완성된 ‹플랜더스 리넨 프리미엄›의 로고 마크에는 왕관이 세 개 붙어 있다. 처음에는 모티프로 물레바퀴 등을 생각했지만 플랜더스 지방이 프랑스, 벨기에, 네덜란드 세 나라에 걸쳐 있다는 점에서 착안해 각 나라의 왕관을 사용하기로 했다. 그대로 사용하면 문제가 될 수도 있고, 경의를 표현하고 싶었기에 실제 왕관을 살짝 변형해서 사용했다.

이 일련의 작업에서 나는 확실히 센스라는 것을 사용했다. 그러나 센스란 번뜩임이 아니라 지식에 의한 것임을 알 수 있을 것이다.

레이아웃의 균형이나 서체에 대한 지식 등과 같은 디자이너의 능력도 사용했지만, 대부분 과정은 디자인 지식이 없어도 가능하다. 서체는 디자이너가 아니라도 인터넷으로 조사하면 거의 알 수 있다. 현지에 가는 일은 별도로 치고, 지방의 역사나 생활 습관을 조사하는 일은 누구나 할 수 있다.

센스란 번뜩임이 아니라 지식을 통해서 형성되는 것이다.

아웃풋의 정밀도를 높여
시즐을 최적화한다

코와 주식회사가 '나'라는 외부의 센스를 이용해서 ‹플랜더스 리넨
프리미엄›이라는 브랜드를 완성했지만 코와 회사 사람들은 당시에
담당자 이외에는 '브랜드화'라는 의식이 없었다. 제품이 아니라 천이라는
소재를 만드는 업무였기 때문에 의류처럼 '상품의 브랜드화'라는 사고를
하지 않았다. 어디까지나 '의류 업체가 요구하는 소재를 납품한다'는
감각이었다.

그 와중에 내가 한 일은 새로운 것을 만드는 것이 아니라, 이미
존재하는 것을 아주 살짝 변형했을 뿐이다.

이름을 붙이고 마크를 만들고 태그를 붙여 판매하는 것은
'브랜드화'이지만 내 감각으로는 그리 대단한 일은 아니고 '장점이
전달되도록 살짝 정보를 정리한 것뿐'이다.

‹플랜더스 리넨 프리미엄›은 2012년 봄여름 상품으로 판매하자마자
각 의류 업체 바이어의 주문이 쇄도했다. 전년도 대비 10배의 매상을
올렸고, 나는 '이제부터는 크리에이티브 디렉터가 필요한 시대'임을 다시금
이 체험을 통해서 실감했다.

‹플랜더스 리넨 프리미엄›의 가치를 지키기 위해서는 어느 정도 가격을
유지해야 하는데 인기가 너무 많아져 수요와 공급의 균형을 잡을 수가
없었다. 그래서 염가 판매 브랜드인 ‹플랜더스 리넨 베이직›도 출시하게
되었다. 여기에도 나는 로고와 콘셉트를 만드는 작업에 참여했다.

더욱이 '자사에서 제품까지 만들겠다'는 코와 사장님의 의견을

그 와중에 내가 한 일은
새로운 것을 만드는
것이 아니라, 이미
존재하는 것을 아주 살짝
변형했을 뿐이다.

센스의 재발견

받아들여 ‹플랜더스 리넨 프로덕트›라는 브랜드도 만들었다. 내가
디자인한 플랜더스 리넨 토트백을 판매하자 이쪽도 호평 일색이었다. 이
디자인에도 나는 지식을 활용했다.

'플랜더스 리넨의 토트백을 만든다'고 했을 때 외부 디자이너들이
제작한 시제품은 소위 '마다운' 두껍고 쭈글쭈글한 원단으로 만든
것이었다. 이에 비해 나는 '매우 얇고 짜르르 떨어지는 후줄근한 느낌으로
만들면 좋겠다'고 제안하며 사고 과정을 설명했다.

우선 리넨이라는 것이 어떻게 생겼는지 모두가 지닌 공통 인식-
평범함-을 밝혔다.

토트백의 핵심 구매 대상은 리넨 옷의 대상과는 또 다르다. 캐주얼한
복장에 맞춰 사용하는 것이므로 좀 더 젊은 20대부터 30대 여성이 중심이
된다. 잡화이므로 옷보다는 적당한 가격으로 생산할 수 있다.

젊은 여성들은 '리넨'이라고 하면 프랑스 등에서 사용하는 손수건이나
스톨, 고풍스러운 얇은 천을 떠올릴 것이라고 예측했다. 내가 가진 지식을
총동원해서 '리넨이라고 하면 옷보다 잡화를 이미지로 떠올리는 것이 핵심
구매 대상의 특성이다'라는 가설을 세운 것이다. 이에 어울리는 상품이
핵심 구매 대상에게는 리넨의 시즐을 느끼게 하는 상품이 된다.

한편 토트백을 만들려면 토트백 시즐도 필요하다. '튼튼할 것 같고,
두껍고, 견고하다'는 시즐이 있다는 것은 이미 알 것이고, 아마 디자이너도
그쪽을 우선했을 것이다.

리넨 시즐과 토트백 시즐을 경쟁시킨다. 리넨 시즐을 충족하면서
토트백 시즐도 충족하려면 어떻게 해야 좋을지 생각했다.

토트백의 구조를 조사하니 시즐이 구체화되었다. 튼튼해 보이는 것은
원단이 두꺼워서가 아니라 형태, 스티치, 캔버스천이 지닌 투박한 느낌
때문이다.

그러는 동안 리넨이라는 것은 무척 질긴 원단으로 같은 두께의 면 원단과 리넨 원단을 비교하면 리넨이 두 배 정도 더 강하다는 사실을 알았다. 즉, 얇은 리넨 시즐을 유지하면서도 견고할 수 있다는 것을 알게 되었다.

두 가지 시즐을 서로 합쳐서 후줄근한 느낌의 원단으로 만든 가볍고 튼튼하며 화려한 토트백이 완성되었다.

내가 운영에 관여하는 마루노우치 ‹깃테(KITTE)›의 ‹더 샵(THE SHOP)›에서 토트백을 판매하기 시작하자 그달의 가장 높은 판매 수익을 기록했다.

디자인이 좋으니까 팔렸다기보다는 팔리는 아웃풋을 논리적으로 생각해서 만들었기 때문에 팔린 것이다.

일단 예쁜 제품을 만드는 사람은 아주 많다. 하지만 제품이 잘 팔리게 노려서 만드는 사람은 많지 않다. 팔리는 물건을 만들기 위해서는 소비자를 속이지 않기 위한 정밀도가 필요하다. 정밀도를 높이는 작업 또한 센스를 구축하는 하나의 요소다.

팔리는 물건을
만들기 위해서는
소비자를 속이지
않기 위한 정밀도가
필요하다.

지식을 센스로 측정해서
아웃풋을 결정한다

만약 알 이탈리아 항공에서 로고를 만들어 달라는 의뢰가 온다면 나는 절대로 사용하지 않을 서체가 있다. '헬베티카(Helvetica)'라는 서체다. 이 서체로 이탈리아 회사의 로고를 만들면 굉장히 이상할 것이다.

왜냐하면, 헬베티카는 '콘페더라치오 헬베티카(Confoederatio Helvetica)'라는 스위스 연방을 나타내는 라틴어에서 유래했기 때문이다. 스위스인과 미국인의 서체 디자이너가 만든 서체이므로 그렇게 이름 붙였을 것이다. 그런 의미에서 스위스 항공의 폰트가 실제로 헬베티카 서체인 것은 이치에 맞다.

물론 일본을 포함해 전 세계 다양한 나라의 브랜드와 기업 로고에서 헬벨티카 폰트를 자주 사용하지만 국가를 상징하는 항공회사는 이야기가 다르다.

'굳이 이탈리아 회사가 헬베티카를 사용할' 이유를 제대로 설명할 수 없다면 사용하지 말아야 한다. 알 이탈리아 사장이 누군가에게 "어? 왜 스위스 서체를 사용한 거지?"라고 물어볼 때 정정당당하게 설명할 수 있는 이유를 준비하지 못한다면 크리에이티브 디렉터로서의 일을 제대로 하지 못한 것이다.

하지만 세상에는 비슷한 일이 자주 일어난다. 디자인하는 쪽, 디자인을 고르는 쪽 모두 지식의 축적이 없다면 위험한 시대라고 할 수 있다.

만약 당신이 업무로 디자이너와 얽힐 일이 있는 사업가라면 디자이너가 무언가를 제안했을 때 그냥 넘기지 말고 "이것은 어째서 이런 디자인인 거죠?"라고 질문해야 한다. 그 질문이 아웃풋의 정밀도를 높이는 일이자 팔리는 상품을 만드는 일로 이어진다.

만일 당신이 디자인을 생업으로 삼고 있다면 자신이 무엇을 근거로 그 디자인을 결정했는지를 '감각'이라는 단어를 피해서 설명해야 한다. 그렇게 할 수 있다면 정밀도 높은 아웃풋을 낼 수 있으며 팔리는 상품을 만들 수 있다.

나는 나 자신의 감각이라는 것을 기본적으로 신뢰하지 않는다. 그래서 항상 "이 감각은 어디에서 나온 것인가?"라는 확인 작업을 한다.

예를 들어 내가 관여하는 'THE'라는 브랜드는 앞에서 말했듯이 'THE 진이라고 하면 리바이스 501'이라는 식으로 제품의 기본이 되는 상품을 만들려는 브랜드다.

'THE'라는 브랜드의 마크를 만들 때는 '그야말로 THE 서체라고 할 수 있는 서체가 필요하다'고 생각했다. THE 서체를 정할 때 세상에서 가장 많이 유통되는 서체인가, 아니면 서체의 기원, 원천 같은 것을 찾아낼 것인가를 고민했다.

그밖에도 다른 방법이 있을 것이다. 나는 서체의 기원에 착안해서 트라잔(trajan)이라는 서체를 기본으로 로고를 만들었다.

세상에 활자라는 것이 탄생했을 당시에는 어떤 글자로 해야 좋다는 기준이 없었다. 그래서 예부터 '대단히 아름답다'고 평가된 로마 유적에 그려진 비석의 문자를 사용했다. 트라야누스(Trajanus) 황제의 비문에 조각된 문자이기에 트라잔이라고 부른다. '그야말로 THE에 걸맞고, THE의 콘셉트 그 자체가 아닌가' 하는 점에서 이 서체로 결정했다.

내가 이런 일련의 작업에 사용하는 것은 지식뿐이다. 단, 내 감각을 사용하는 것이 아니냐고 묻는다면 감각도 분명 사용한다.

하지만 감각이란 지식의 집합체다. 그 서체를 '아름답다'고 느끼는

항상 "이 감각은
어디에서 나온
것인가?"라는 확인
작업을 한다.

센스의 재발견

배경에는 지금껏 내가 아름답다고 생각한 수많은 것이 존재한다.

아름답다고 느낀 체험의 축적이 내 안에서 '평범함'이라는 규정이 된 것이다.

이는 내 개인적인 것이며 동시에 사회적 지식이기도 하다. 무엇을 아름답다고 느낄지는 인종, 시대, 성별 등 자신의 속성으로 상당 부분 결정되기 때문이다.

나는 사회적 지식의 서랍을 열어 감각을 꺼낸다. 이 감각을 내가 몰랐던 조사해서 새롭게 알게 된 지식과 섞어서 최종적인 아웃풋을 선택한다.

이처럼 '지식을 쌓으면 올바른 답을 찾게 된다'는 것이 내가 말하는 '누구나 익힐 수 있는 팔리는 물건을 만드는 비결'이다.

지금 시대에 어울리는 물건을 만들려면 이 방법이 더욱 어울릴 것이다.

감각이란 지식의
집합체다. 그 서체를
'아름답다'고 느끼는
배경에는 지금껏 내가
아름답다고 생각한
수많은 것이 존재한다.

센스의 재발견

센스 향상은 기술 향상이다

지금까지 센스에 대해서 설명했다. 마지막으로 사업가는 어떻게 센스를 익혀야 하는지, 바로 센스를 익힐 수 있는 간단한 비결을 정리하려고 한다.

현대사회에서 센스는 매너다.

미술대학 등에서 특별한 훈련을 받은 것도 아닌데 '센스 있다'고 불리는 사람은 지식이 풍부한 사람이며, 지식이 풍부한 사람은 일을 잘하는 사람이다. 지식이 풍부한 사람이라면 상사나 클라이언트와 대화를 나눌 때 상대방의 전문성을 알아채거나, 자신의 '평범함'과 대조해보고, '조율'을 잘하는 경우가 많다. 조율을 잘하면 이해도는 깊어진다.

지식이란 신기하게도 모으면 모을수록 좋은 정보가 빨리 모인다. 모르는 것이 있을 때 상사나 부하의 지식을 흡수하려 하는 사람은 '알려는 자세'가 습관으로 자리 잡아서 점점 지식이 늘어난다. 반대로 모르는 부분이 있을 때 그대로 두는 사람은 아무리 시간이 흘러도 그대로다.

게다가 상대방의 지식을 얻으려고 할 때, 사람은 저절로 '듣는 사람'이라는 지위를 취하게 된다. 이 역시 장점이 있다. '듣기' 소통 기술이 좋아지기 때문이다.

'커뮤니케이션(소통)'이라고 하면 어떻게 전달할지, 어떻게 자기표현을 해야 하는지만 생각하는 사람이 많지만, 의사소통의 진수는 '말하는 것'이 아니다. 소통에서 말하는 것만큼 혹은 그 이상으로 중요한 것은 '듣는 것'이다.

상대방의 전문성에 맞춰 자신을 조율해서 이야기를 깊이 들어보자. 이러한 전문성은 모두 경력을 높이는 요소다.

나는 센스 있는 사람이 기술을 향상하지 않는 것이 오히려 부자연

현대사회에서
센스는 매너다.
상대방의 전문성에
맞춰 자신을
조율해서 이야기를
깊이 들어보자.

센스의 재발견

스럽다고 생각한다. 센스 있는 사람은 사업가로서도 당연히 성장할 것이다.

　몇 번이나 똑같은 이야기를 하는 것 같지만, 아주 중요하고 또 그만큼 오해받는 부분이니 한 번 더 반복하겠다.

　센스는 연구를 통해 익힐 수 있다.

　굿 디자인 컴퍼니의 프로듀서이자 내 아내이기도 한 유키코는 '센스 없는 사람은 타고나는 거니까 어쩔 수 없다'고 오해하던 사람 중 하나다. 그녀는 원래 방송국 프로듀서였다. "새 프로그램에는 어떤 로고가 좋아?", "방송 세트는 어느 쪽이 낫지?"라고 물어볼 때마다 "센스가 없어서 몰라요"라고 대답하며 그런 부분에 탁월한 선배에게 일임했다고 한다.

　아마도 '센스라는 것은 선천적으로 타고나니까 노력해도 소용없다'고 착각했을 터이고, 그 시절에는 그래도 용서되는 환경이었다.

　하지만 시대가 변했다. 딱 10년 만에 센스의 필요성이 변했다. 방송국이든 제작자든 이제는 '센스 없다'고 해서 용서받지 못한다.

　'모르는 것은 센스가 없어서'가 아니라 '모르는 것은 센스를 기르려고 노력하지 않은 탓'이다.

　만일 로고를 결정해야 한다면 몇 권이든 상관없으니 서체나 로고에 대한 책을 찾아보고 인터넷에서 정보를 얻으면 어떤 방향성이 보일 것이다. 디자인 책을 보면 자간이나 행간, 특수 서체에 대한 설명이 이해하기 쉽게 쓰여 있다.

　지식을 얻으면 센스에 대한 콤플렉스도 사라진다. 가령 유키코는 결혼한 후 회사를 도와달라고 하자 '미술에 관해서는 콤플렉스의 화신인 내가 디자인 회사에서 근무할 수 있을까' 하며 무척 고민했다고 한다. 그런데 입사해서 3개월이 지나자 어느새 디자이너에게 지시를 내릴 정도로 바뀌었다.

센스는 연구를
통해 익힐 수 있다.
업무 센스는
매일매일 스스로 갈고
닦아야 한다.

센스의 재발견

업무 과정도 전문 용어도 전혀 문외한이었던 그녀는 처음에는 사내에서 일어나는 일을 마냥 주의 깊게 들었다고 한다. 내가 디자이너에게 하는 조언, 디자이너가 자신의 디자인 시안 가운데 이것이 좋다고 생각한 이유, 디자이너들끼리 수정 지시를 내릴 때 말하는 내용···. 유키코는 '좋은 디자인을 만들기 위해 충족해야 하는 최저한의 규칙이 있다'는 사실을 깨달았다고 한다. 제4장에서 서술한 '디자인의 기초 지식'이 그녀에게도 쌓인 것이다.

이윽고 유키코는 세간에서 디자이너가 '센스'로 결정한다고 생각하는 부분까지 적극적으로 의견을 내기에 이르렀다. "그렇다면 이런 비주얼은 어때요?", "OO 씨의 OO 사진집에 실린 톤의 사진이 좋지 않아요?", "좀 더 역동적으로 배치하면 좋지 않을까요?"

지적 하나하나가 적확하다. 유키코는 디자인의 구체적인 아웃풋과 관련된 지식을 축적했고, 이제 아이디어가 샘솟게 된 것이다.

굿 디자인 컴퍼니에는 또 한 명의 프로듀서가 있는데 그녀는 이전에 항공회사에서 근무했다. 그녀 역시 전혀 다른 직종에서 이직했지만, 순식간에 디자인 센스를 갈고 닦아 지금은 아트 디렉터라고 불릴 정도로 활약하고 있다. 디자이너에게 적확하게 지시를 내리기 때문에 나는 그녀의 '센스'를 전면적으로 신뢰한다.

어째서 디자인 센스가 높아졌는가? 그 이유에 대해 두 사람은 입을 모아 말한다. "매일 좋은 디자인인지 나쁜 디자인인지에 대한 판단이 눈앞에서 수도 없이 펼쳐지는 환경에 있으니 디자인 지식이 쌓여 자연스레 알게 되었다"고 말이다.

이것은 어디까지나 하나의 예이지만, 모르는 일이 있으면 구석구석 보고 알아야 할 부분을 알려고 노력하자.

업무 센스는 매일매일 스스로 갈고 닦아야 한다.

기획서는 소비자에게 지식, 이야기, 가치를 알리는 편지

나는 정말 다양한 회사의 기획서를 보는 편이다. 덴츠와 하쿠호도 (일본의 2대 광고 회사), 산토리, 도요타(자동차 회사)···. 그런데 모든 회사의 기획서가 이상하리만큼 비슷하다.

아마도 컴퓨터에 들어있는 기획서 서식이 비슷하고 대부분 회사에서는 일반적으로 같은 프로그램을 바탕으로 기획서를 만들기 때문일 것이다.

하지만 그것은 결코 보기 편한 레이아웃이 아니다. 작성자 자신도 읽기 쉽다고 생각하지 않는다.

'자기가 읽는 입장이라면 어떤 레이아웃이 읽기 편할까?'

기획서를 만들 때는 미리 상대방의 처지에서 생각해야 한다.

기획서는 내용도 중요하지만 보이는 방법도 중요하다. 보이는 방법을 생각하는 것은 센스 있는 기획서를 만드는 것이다.

겨우 기획서인데, 그래 봤자 기획서.

기획서란 시장에 상품을 선보이기 위한 최초의 아웃풋이다. 말하자면 '소비자에게 보내는 편지'다. 기획서는 지식의 축적이 필요하고, 그 상품의 이야기나 가치를 말해주어야 한다. 읽는 사람의 전문성에 맞춘다면 센스 있는 기획서가 될 것이다.

기획서를 쓸 때, 잡지를 따라 하는 것도 하나의 방법이다. 잡지는 읽기 쉬운 순서대로 레이아웃을 만든다. 자신이 괜찮다고 생각하는 '이 잡지는 항상 읽고 싶단 말이야'하는 잡지를 일단 사서 그와 같은 형식으로 만든다.

'자기가 읽는
입장이라면
어떤 레이아웃이
읽기 편할까?'

스포츠 신문을 좋아하고 읽기 편하다면 스포츠 신문을 참고해도 좋다.

기획서 서식이란 상식의 틀 중 하나다. 상식의 틀이나 확신의 틀은 언제나 센스를 압박한다. 사소하지만 우선 틀을 벗어나자. 내가 좋아하는 분야를 기획서에 한번 도입해보면 설령 내용은 바뀌지 않아도 기획서가 지닌 '호소력'이 변한다.

이는 기획서에만 해당하는 것이 아니다. 기본을 의심하고 좋아하는 것으로 변환하는 일은 항상 센스 있게 일을 하기 위한 비결이다.

덧붙이자면 굿 디자인 컴퍼니의 기획서는 대개 한 페이지에 몇 줄의 문장만 쓰여 있는 단순한 형태이다. 이런저런 색과 서체를 구사해서 긴 문장이 빽빽한 흔히 보는 기획서와는 상당히 다르다. '그림 연극처럼 듣는 사람의 사고과정에 맞춘 설명으로 진행하는 프레젠테이션이어서 이해하기 쉽다'는 평을 자주 듣는다. 그리고 제본해서 그림책처럼 만든 기획서를 사용해 프레젠테이션한 적도 있다.

서식은 필요 없다. 각각의 회사, 부서, 프로젝트, 기획의 개성을 지닌 기획서를 만든다. 이 정도의 유연성은 괜찮지 않은가?

'선호도'를 파고들어 센스 있는
아웃풋을 낸다

대상의 특성을 깊이 파고드는 일도 센스를 기르기 위해서는 중요하다. 시작은 자기 자신의 특성을 깊이 파고들자. 자기가 '선호하는' 것을 깊이 파고드는 것이다.

나를 예로 들자면, 41세 남성으로 이를 중심으로 삼아 주변에 좋아하는 것을 적는다.

좋아하는 색은 파란색. 좋아하는 가수는 비틀스와 서전 올스타즈 (일본의 유명 밴드). 차는 폴크스바겐 비틀을 탄다.

다음으로 각각 좋아하는 것에 대해 '왜 그것이 좋은지' 이유를 쓴다.

파란색을 좋아하는 것은 아마도 어린 시절 방영했던 TV 프로그램 《비밀특공대 고레인저》(특촬 드라마, 1975년 4월 ~ 1977년 3월까지 TV방영)의 아오(블루)레인저를 좋아했기 때문이다. 아오레인저의 정보도 메모한다. 가령 아오레인저는 고레인저의 일원이자 서브 리더로 멋진 성격의 캐릭터이다. 적은 흑십자군이라는 주변 정보도 생각나는 대로 적는다.

아오레인저 말고도 '좋아하는 것'에 대해서도 똑같이 '왜 이것이 좋은지'를 쓴다. 이 과정에서 주목해야 할 점은 '파란색을 좋아함'이 아니라 '고레인저를 좋아한다'는 것이다. 깊은 정보가 숨어 있는 것은 이 부분이기 때문이다.

'선호'를 더욱 깊게 파고들면 진정한 답이 숨어 있다. 이는 자기 자신이나 시장조사에도 해당한다. 만약 내가 식품 제조사에 근무한다고 치자. 40대 남성을 위한 신제품 패키지를 생각한다. 대상 나이의 남성을 상대로 시장조사를 하고 어떤 색 패키지를 좋아하는지 빨간색, 파란색, 노란색 중에서 고르게 하면 결과는 파란색일 것이다.

"파란색을 좋아한다는 대답이 30%를 넘으니 가장 많다. 신제품은 파란색 패키지로 하자"는 것은 잘못된 판단이다. 이는 표면적인 '좋아함'으로 깊은 정보는 아니다.

단카이 주니어라고 불리는 40대 남성을 대상으로 만드는 신제품이 만약 카레 우동이라고 치자. '파란색을 좋아하니 파란색 패키지'로 만들면 카레 우동의 시즐과 전혀 어울리지 않는다.

그러므로 고레인저에 주목해야 한다.

"그러고 보니 고레인저 중에 노란색 옷을 입고 있던 키레인저라는 애도 있었지. 키레인저는 카레를 좋아했어. 그 시절에는 카레라이스였지만 시대가 흘러서 카레 우동으로 바꾼다면 키레인저도 좋아하지 않을까?"라는 가설을 세워보면 어떤가? 시장조사의 결과는 '파란색을 좋아함'이었어도 노란색 패키지가 정답일 수도 있다.

'파란색을 좋아한다'는 입구에서 40대 남성 대부분이 좋아하는 고레인저라는 기반에 도착해서 '노란색'이라는 아웃풋을 낸다. 이것이 '선호'를 깊이 파고드는 일이며 숫자로 측정할 수 없는 사실과 현상을 최적화하기 위한 기준이다.

'호불호'가 아니라 구체적인 예를 들어서 센스를 기른다

센스를 기를 때 호불호로 판단하는 것은 금물이다. 호불호는 객관적인 정보와 상극에 있기 때문이다.

그런데 프로젝트를 수행할 때, 대개의 사람은 우선 호불호로 의견을 말하기 시작한다. 새로운 유리잔을 발매한다고 하자. 표본이 도착하면 다들 저마다 주관적인 의견을 말한다.

"이 잔은 이 부분이 괜찮네. 진짜 예쁘다."

"이 잔은 감촉이 싫어."

이렇게 호불호로 이야기하기 시작하면 그 사람의 센스, 즉 그 사람이 가진 지식의 범위 내에서만 대화가 성립한다. 같은 회사의 같은 프로젝트 팀이라도 모두 같은 양의 지식을 갖고 있지 않다. 그런데도 취미 기호로 회의하면 결론은 없고 시간만 간다.

대기업 경우에는 이 과정 다음에 준비된 것은 다름 아닌 '시장조사'다. 하지만 무작정 설문 조사를 한들 생각만큼의 답은 얻을 수 없다.

자신의 호불호를 제외하고 일단 그 잔을 '누가, 언제, 어디서 사용하는지'를 설정하자. 그런 다음 이 세 가지를 깊이 파고든다.

'누가'를 파고들 경우, 가령 '누구'를 25세 여성으로 설정했다고 '25세 여성'으로 생각하기 시작하면 안 된다. 나이가 같아도 다양한 사람이 있으므로 그중에서 어떤 것을 생각하고, 어떤 상품을 선호하며, 어떤 라이프스타일을 즐기고 있는 사람이 그 잔을 구매할 25세 여성인지를 검증해야 한다.

그녀는 어떤 직장에서 근무하며, 점심시간에는 어떤 이야기를

호불호는
객관적인 정보와
상극에 있기
때문이다.

센스의 재발견

나누며, 점심시간에 화제가 된 드라마는 무슨 내용이고, 그 드라마에 나온 등장인물은 어떤 영화에 나오는가, 그녀는 영화라는 것을 어떻게 생각하는가.

여기까지 철저하게 조사하면 많은 양의 데이터가 될 것이다. 마케팅 용어로는 '페르소나'라고 하며 데이터에서 이를 도출하려면 엄청난 노력이 필요하다. 이것을 '지식으로 지닌 사람'이 '센스가 있는 사람'이라고 불린다.

대상에 구체적으로 현실감을 부여해 어떠한 이미지로 만들기에는 '잡지'가 효과적이다. 내가 다양한 연령층을 위한 여성지를 여러 권씩 매달 읽는 이유는 바로 이 때문이다. '25세의 여성스러운 여성이라면 이 잡지를 읽는 사람일 거야. 그렇다면 데이트할 때는 특집으로 실린 그 영화를 보러 가는 타입이며, 동경하는 연예인은 이런 사람이고 좋아하는 의류 브랜드는…' 어느 정도의 인물 설정은 즉각 할 수 있기 때문이다.

그리고 '언제, 어떤 장소에서'가 '입식 파티에서, 파티 장소에서'라면 파티장의 분위기에 맞춘 장식이 필요할 수도 있고, 너무 무거운 잔은 곤란하다는 등 최소한의 정보를 수집할 수 있다.

여기서 서술한 사항은 기본적인 사항뿐이다. 그런데도 실행하지 않는 경우가 너무도 많다.

'누가, 언제, 어디에서 사용하는지' 대상을 구체적으로 떠올리는 일은 센스를 최적화하기 위해서 가장 필요한 세 가지 원칙임을 기억하자.

'누가, 언제, 어디에서
사용하는지'
대상을 구체적으로
떠올리는 일은
센스를 최적화하기
위해서 가장
필요한 세 가지
원칙임을 기억하자.

'편협한 센스'라도 일은 할 수 있다

이 책에서 논했던 이야기와 모순되는 것 같지만, 무척 편협한 분야에서 풍부한 지식을 가진 사람 중에도 센스 있는 사람은 존재한다. '철도에 관해서 아주 많이 안다', '바다 생물이라면 뭐든지 안다'는 사람이 바로 그들이다.

이런 타입의 사람은 종종 '센스 없다'고 여겨지며 자신도 센스가 있다고 자각하지 못하는 경우가 대부분이다.

이는 실로 아까운 경우이다.

편협한 분야에서 풍부한 지식을 가진 사람은 모든 사실과 현상을 자신이 뛰어난 분야와 연결할 수 있는 특이한 센스의 소유자이기 때문이다.

예를 들어보자. 바다 생물을 아주 잘 아는 사람이 과자 제조사에 근무하고 있다. 그 혹은 그녀는 무엇이든 바다 생물과 연관 지어 발상할 수 있을 것이다.

"'긴비스 동물 비스킷'은 동물 모양으로 만든 비스킷으로 제각기 '사자(LION)', '양(SHEEP)' 등의 동물 이름이 영어로 각인되어 있습니다. 바다 생물 모양을 한 초콜릿이 가득 든 제품을 발매하면 어떨까요?"

이런 제안을 할 수 있을지도 모른다.

"바다 생물 이야기라면 《으뜸 헤엄이(스위미, Swimmy)》(레오 니오니 지음, 마루벌)가 유명하잖아요. 조그만 알갱이 초콜릿이 가득 들어 있는 '초코베이비'에 빨간색 초콜릿을 하나만 넣고 판매하면서 이름을 '스위미'라고 붙이면 어떨까요?"

편협한 분야에서
풍부한 지식을 가진
사람은 모든 사실과
현상을 자신이 뛰어난
분야와 연결할 수
있는 특이한 센스의
소유자이기 때문이다.

센스의 재발견

이렇게 '그 사람이 아니면 할 수 없는 발상'을 잔뜩 할 수 있을 것이다.

대다수는 센스가 없는 것이 아니라 센스를 활용하지 않고 있을 뿐이다.

센스를 기르려면 센스를 활용하는 기술을 갖추는 것도 중요하다. 좁은 분야에서 풍부한 지식을 가진 사람은 특히 이런 경향이 두드러진다.

상품이나 기업의 센스를 높이려고 할 때, 자기가 아주 좋아하는 것, 즉 자기가 가진 최대 무기를 사용하는 것도 센스로 업무 능력을 향상하는 방법의 하나다.

특별한 분야가 있다면 무엇이든 자신만의 전문 분야로 활용하자.

"자네 또 그건가?"라는 말을 듣더라도 꿋꿋하게 자신의 분야를 활용하는 것이다.

"대학 입시를 준비하던 시절에 어떤 과제가 나와도 전부 비틀스랑 연관시키는 사람이 있었어"라는 이야기를 들은 적이 있다. 그 사람은 방향성이 확실하므로 헤매지 않고 좋은 성적을 얻었다고 한다.

이를 사업에서도 활용할 수 있다. '좋은 기획을 내자'고 고민하다 시간만 잡아먹는다면 내가 잘하는 분야부터 생각하기를 추천한다. 일이 즐거워지고 효율도 상당히 좋아진다.

전문성이 매우 높은 기획은 채용되기 힘들지도 모르지만 설사 채용되지 않더라도 다음에 어떤 계기로 다시 활용할 가능성이 크다.

센스를 기르려면
센스를 활용하는
기술을 갖추는 것도
중요하다.

센스의 재발견

일상적인 연구를 통해 확신의
틀을 벗어나자

센스를 기르는 방법은 지식을 축적하는 것과 객관적이 되는 것이다.
반대로 말하면 불성실과 확신은 센스 향상의 적이다.

지식은 얻으려고 노력하는지/안하는지의 문제지만 확신은 무의식적인
것으로 조금 성가신 문제이다. 확신에서 벗어나는 방법은 평소와 다른
일을 하는 것이다.

엉뚱한 일이 아니어도 상관없다. 사소한 것부터 시도하자.

평소 보지 않던 잡지를 읽는다, 평소 보지 않던 TV 프로그램을 본다,
평소 대화를 나누지 않던 부하나 상사와 이야기를 한다.

나라는 인간의 틀을 결정하는 것은 나 자신이다. 그러나 나 자신이라는
것을 만드는 요소는 주위 환경이다. 그래서 주위 환경을 바꾸면 나 자신의
틀도 변한다. 여기서 센스의 다양성이 자라난다.

예를 들어 이를 닦을 때 어쩐지 항상 왼쪽 아래 어금니부터 닦는다면
앞니부터 닦아본다. 목욕탕 욕조는 항상 같은 방향으로 사용하는 사람이
대부분일 것이다. 반대쪽으로도 한번 사용해보자. 수도꼭지나 욕조 마개
위치로 정해진 방향을 의도적으로 바꾸기만 해도 상당히 달라진다.

당연하다고 여기는 것들을 하나하나 의식해서 다르게 바꾸면 얼마나
내가 판에 박힌 환경에 둘러싸여 있는지 실감할 것이다.

얼마 전 친구가 권해서 도쿄 고라쿠엔(도쿄 도 분쿄 구에 있는
철도역)의 온천 시설인 '라쿠아'에 다녀왔는데 '한 번도 본 적 없는' 세계가

불성실과 확신은
센스 향상의 적이다.

센스의 재발견

펼쳐져서 신선했다. 그리고 언젠가는 친구와 그의 아내 이렇게 셋이서 롤러코스터를 타러 갔다. 어른이 되면 아이를 빼놓고 롤러코스터를 탈 일이 없으므로 어른 셋이서 간 유원지는 신기한 모험이었다.

지금까지 한 적 없는 일을 시도해보자. 골프 연습장, 유료 낚시터, PC방 등 가본 적 없는 곳에 가보자.

본 적 없는 것을 의도적으로 보자. 교육 방송에서 방영하는 관심 없고 잘 모르는 방송을 보자. 전철 속에서 옆 사람이 읽는 책을 사보자. 남성이라면 여성지, 여성이라면 남성지를 읽어보자.

전혀 관심이 없는 책을 읽으면 기본적으로는 재미가 없다. 하지만 뭔지 모를 '응?' 하는 점이 있을지도 모른다. 나는 여성을 위한 TV 프로그램에서 하는 메이크업 강좌, 네츠케(전통 고리 세공품)나 네일아트 책 등 대략 개인적인 관심과 전혀 거리가 먼 것들을 종종 본다.

나와 전혀 다른 직업을 가진 사람과 이야기를 나누는 일도 당연하게 생각하는 것에서 벗어나는 데 도움을 준다. 치과에 가면 치아와 관련된 전문적인 이야기를 듣는다. 미용실에 가면 이야기를 잘 들어주는 미용사에게 내 이야기만 하는 것이 아니라 미용사의 이야기를 들어보자. "그 가위는 어떤 가위인가요? 요즘 한잔하러 어디에 가세요?" 등 반대로 질문을 하면 새로운 무언가를 발견할 수 있다.

얼마 전 내가 주최한 회식에 모인 것은 소설가, 뮤지션, 편집자, 경제학자, 소주 주조장 경영자 등 전혀 다른 분야의 사람들이었다. '처음 뵙겠습니다'부터 시작한 모임이었지만 서로의 전문 분야에 대해 듣는 동안 놀라운 많은 사실을 알 수 있었고, 다른 업종이기 때문에 오히려 공감할 수 있는 부분도 있어서 좋은 모임이 되었다.

평소와 다른 길로 회사에 가보는 것도 좋다. 휴일에는 집과 역을

확신에서 벗어나는
방법은 평소와
다른 일을 하는 것이다.
여행은 일상에서
벗어나는 것,
즉 비일상이다.

센스의 재발견

연결하는 버스의 반대 방향 정류장에 서 있자. 행선지가 쓰여 있겠지만 딱히 그런 것은 신경 쓰지 않아도 상관없다. 종점에서 내려도 좋고 도중하차도 괜찮으니 한 번도 내린 적 없는 정류장에 내려서 무언가를 발견해서 돌아가면 즐거울 것이다.

옷을 살 때도 평소에는 들르지 않았던 다른 가게로 가자. 여성이 남성복 가게에 가도 재미있을 것이다. 백화점에서 관심 없는 층에 들리고, 점원과도 이야기를 나누면 자신의 세계가 변할 것이다.

좋아하는 여성에게 선물할 때 그녀가 갖고 싶어 하는 것을 묻지 말고 그녀가 읽을 법한 잡지를 사서 가게를 둘러보고 선물을 고르는 것도 괜찮다. 그녀의 특성을 연구, 조사해서 가장 좋은 선물을 아웃풋으로 낸다. 그녀가 "상상도 못한 선물이지만 받으니 몹시 기뻐!"라고 생각할 물건을 고른다면 기쁨은 120%, 150%가 될 가능성도 있다. 그야말로 센스 있는 행동이다.

가본 적 없는 장소에 가는 것, 자신과 다른 직업을 가진 사람과 이야기하는 것, 욕조에 반대로 앉는 것, 버스 정류장을 바꾸는 것, 백화점에서 사소한 '조사'를 하는 것, 이는 모두 '여행'이다. 여행이라는 공부는 느끼는 힘을 키워주는 가장 훌륭한 것이다.

여행은 일상에서 벗어나는 것, 즉 비일상이다.

거꾸로 뒤집어보면 아무리 멀리 가더라도 같은 환경 속에 있다면 일상성이 강해 여행의 요소가 한없이 낮아진다.

해외여행을 떠날 필요도 없고, 어딘가 먼 동네에 가지 않아도 된다. 일상에서 벗어나는 여행을 오늘부터 시작해보길 바란다.

서점을 단 5분 만에 한 바퀴 돌고,
신경 쓰이는 책이 무엇인지 확인한다

나는 서점에 가는 것을 무척 좋아한다. '여기 있는 책의 수만큼 서로 다른 사고방식이 존재한다'고 생각하면 가슴이 두근거린다.

유명인 한 사람 한 사람을 만나 이야기를 듣는 것은 당신이 아가와 사와코(«듣는 힘»(흐름출판) 저자) 씨나 하야시 마리코(베스트셀러 작가) 씨가 아닌 이상 불가능하다. 다른 시대를 살아온 사람이나 이미 세상을 떠난 사람이라면 아가와 씨라도 이야기를 듣는 것은 불가능하다.

하지만 만 권 이상을 취급하는 서점이라면 만 명의 생각을 접할 수 있다. 서점은 훌륭한 지혜의 샘이다. 센스의 근원이 되는 지식을 접할 수 있는 장소이다.

그 나라의 서점에 가면 그 나라 민주화 정도와 국민의 이해 수준을 바로 알 수 있다. 국민에게 얼마만큼 지식을 개방하고 있는지가 진열된 책에서 보인다.

국민이 다양성을 지닌 나라일수록 성공한 사람이나 발명가가 태어난다. 그 가능성을 만드는 커다란 요소의 하나는 지식의 개방이다.

나는 고등학교 시절부터 서점에 가는 것을 좋아했다. 매일 아르바이트가 끝나고, 밤 10시부터 집 근처의 대형 서점에 가서 문 닫는 12시까지 시간을 보냈다.

그 시절부터 지금까지 유지하고 있는 '서점에서 시간을 보내는 방법'은 우선 관심 있는 책이나 잡지를 보는 것이다. 어느 정도 관심 있는 것들을 보고 나면 서점 내부를 무작위로 어슬렁거린다. 아동용 도서 코너부터

에세이 코너, 소설 코너까지 전부 보고 거기서 눈길이 멈춘 책을 손에 든다. 한순간이라도 눈길이 멈춘 책에는 무언가 이유가 있을 것으로 생각하기 때문이다. 나 자신도 '좀 특이하다'고 생각하는 부분은 '전혀 보고 싶지 않은' 책이 있으면 그것도 '신경이 쓰이는' 책으로 치고 일단 손에 든다는 점이다. 그런 책을 보다 보면 '이런 세계가 있군' 하고 지식의 넓은 바다로 배를 띄우는 기분이 든다.

서점에 가는 것은 하루에 한 번이면 된다. 근무 도중 매일 서점에 들려서 5분 만에 한 바퀴 돌아본다. 10분이라도 상관없지만 가능한 한 신속하게 서점을 둘러보고 '어?'라는 생각이 드는 것은 읽어보자.

이상적으로는 물론 사서 읽어야 하지만, 지갑에 여유가 없으면 서서 읽어도 괜찮다. 이 습관을 통해서 단순한 계산으로는 지식이 일 년에 365개 증가한다.

계속하다 보면 '지식을 익힌다'는 기분이 아니라 '알고 싶다'는 지적 호기심의 문이 열릴 것이다.

'유아성'으로 신선한 감성을 되찾자

3세까지의 기억이 없는 것은 일상이 놀라움으로 가득하기 때문이다. 이것은 내 나름의 가설이지만 틀리지 않을 것이라고 생각한다.

가령 내가 38세부터 41세가 되기까지의 3년간 할 수 있게 된 것은 몇 가지 있지만 크게 변한 것은 없다.

하지만 0세부터 3세까지는 극적으로 할 수 있는 일이 늘어난다. 아마도 그것은 아기가 굉장한 힘으로 '느끼기' 때문일 것이다. 만약 아무것도 느끼지 않는다면 아기는 몇 살이 되어도 말을 할 수 없을 것이다.

또 한 가지 흥미로운 것은 5세의 기억은 뜻밖에 기억하고 있는데 3세 정도까지의 기억은 거의 잊는다는 점이다. 드물게 기억하는 사람도 있지만 대부분 단편적인 기억이다.

이 사항에 대해 뇌 발육이라는 관점에서 이런저런 연구를 하는 전문가도 있지만, 그와는 별개로 나도 멋대로 이런 가설을 세웠다.

3세까지는 인간의 용량을 뛰어넘을 정도로 본 적 없는 세계가 대량으로 눈앞에 나타나는 것이 아닐까? '놀라움의 레벨'이라는 것이 있다면 그 바늘이 부러질 만큼 날마다 놀라움으로 가득하므로 기억이 사라져버린 것은 아닐까?

아기에게는 커튼이 흔들리는 일도 굉장히 놀랍고 재미있다. 책상이 하얀 것도, 반짝거리는 태양이 있는 것도, 아빠가 말을 하니 어떤 소리가 나는 것도, 삼단 같은 엄마의 머리카락도, 전부 '굉장해! 우와'라는 놀라움이다.

지금 내가 아기와 비슷한 정도의 놀라움을 얻으려면 힘들 것이다. 갑자기 순간 이동해서 그랜드캐니언 앞에 선다면 '우와!'라고 생각할지 모르지만, 여행으로 그랜드캐니언에 가더라도 '음, 유튜브(Youtube)보다 박력이 있군'정도로만 생각할지도 모른다.

지식의 축적에만 너무 열심히 매달리면 사람은 때로 자유로운 발상을 잃게 된다. 센스를 기르려면 지식이 필요하지만, 지식을 흡수해서 자신의 것으로 만들려면 감수성과 호기심이 필요하다.

유아성이 창조력과 발상으로 이어지는 가장 큰 이유는 감수성과 호기심이 유별나게 크기 때문이다.

그리고 이 '느끼는 힘'이 강하지 않으면 지식은 웬만해서는 축적할 수 없다. 시험 전에 단 하루의 밤샘으로 얻은 지식을 순식간에 잊어버리는 것과 마찬가지다.

'감수성+지식=지적 호기심'

어른이 되면 이 공식만 갖추고 있어도 괜찮다. 어른이 되면 지식은 노력으로 익힐 수 있다. 하지만 어린아이 같은 감수성을 유지한다면 노력하지 않아도 지식을 자연스레 흡수할 수 있다.

유아성이 굉장한 또 하나의 이유는 발상의 제한이 없기 때문이다. 사람은 나이가 들수록 어느 사이에 갑옷을 입은 것처럼 자신이라는 존재를 단단하고 굳게 만든다. 그 결과, 발상의 폭을 스스로 제한하게 된다. 그러므로 어른의 지성을 갖추고 유아성을 높인다면 지식과 발상 양쪽이 풍요로워진다. 이것도 또한 자신의 틀을 벗어날 비결의 하나다.

때로는 노골적으로 아이가 되어보자. 아무것도 모르는 자신, 모든 것을 알고 싶어서 어쩔 줄 모르는 자신이 되어보자.

센스를 기르려면
지식이 필요하지만,
지식을 흡수해서
자신의 것으로
만들려면 감수성과
호기심이 필요하다.

센스의 재발견

인생 선배와의 대화를 통해
센스 수준을 높인다

요즘 내가 자주 생각하는 것은 나보다 연상인 사람에게 술자리를 권할 수 있는가 없는가는 센스가 있는지 없는지를 시험하는 테스트와 같다는 점이다.

연장자를 선뜻 초대할 수 있는 사람은 실제로 겨우 10% 정도일 것이다. 소소한 용기가 필요하기 때문이다.

나는 상대방이 연장자라도 "한잔하러 가시죠"라고 권하는 쪽이다. 나도 쉽게 권유하는 것은 아니고 상당히 긴장한다. 어쩌면 설교를 들을지도 모르고 계속 술잔을 채우게 될지도 모르고 귀찮은 일이 생길 수도 있다.

하지만 경험이 풍부한 인생의 선배와 시간을 보내면 귀찮음을 웃도는 수확이 있다.

인생 선배들이 가진 지식, 지혜, 경험이라는 센스의 결정체를 내가 흡수할 수 있는 절호의 기회다.

애당초 '연장자에게 술자리를 권하는 것은 문턱이 높다'는 생각이 착각인 경우도 있다.

나이 차가 나는 사람과 소통이 잘되는 것은 강한 지적 호기심 덕분이다. 이 사람은 무엇을 생각하는가, 이 사람과 있으면 어떤 일이 일어나는가, 노래방에 가면 이 사람은 뭘 부를까, 내가 뭘 하면 이 사람은 기뻐할까, 내가 어떤 말을 하면 이 사람은 주의 깊게 들어줄까. 지적이라고 할 수 없는 수준이라도 선배들과 어울리다 보면 점점 지식이 흡수된다.

인생 선배들이 가진
지식, 지혜, 경험이라는
센스의 결정체를
내가 흡수할 수 있는
절호의 기회다.

센스의 재발견

나는 술자리를 무척 좋아하며 상대방이 연상이든 연하이든 이야기 듣는 것을 정말 좋아한다. 아무튼, 경험이 풍부한 인생의 선배들과 나누는 대화는 많은 것을 깨닫게 해주는 흡수의 장이다. 만에 하나 정말 하찮은 술자리, 하찮은 사람과 우연히 마주치더라도 그건 반면교사로 또 배울 것이 많은 기회다. '이 사람이 이렇게 싫은 소리를 하는 것은 어째서일까?' 하고 연구하는 계기가 되며 그 지식 또한 센스로 승화시키면 된다.

생각을 바꾸면 모든 경험은 인생에서 플러스 요인이 된다.

'옷 고르기'는 자신을 객관화해서 최적화하는 간편한 방법

　자신을 객관적인 시점으로 보기 위한 가장 간편한 방법으로 '옷 고르기'가 있다. 센스 있는 옷을 고르려면 '호불호'라는 규정을 버려야 한다.

　자신의 체형이나 특징에 대해서 잘 모르고 정보를 선택하는 경우가 많지는 않은가?

　가령 '다리가 가늘다'라고 뭉뚱그리지 말고 '허벅지나 종아리는 가늘지만, 발목은 굵다'고 자세히 관찰하고, '이 색을 좋아하지만 피부가 너무 하야니까 어울리는 건 이쪽이다'라고 판단하는 식으로 자신을 객관화하는 일이 중요하다. 옷은 매일 입는 것이며 센스를 기르는 연습이 되므로 한번 검증해보는 것이 좋다.

　다른 회사라면 성희롱이라는 소리를 들을지도 모르지만, 굿 디자인 컴퍼니에서는 여직원들이 "미즈노 씨, 제 옷 좀 같이 봐주세요!"라며 함께 옷을 사러 가는 경우가 종종 있다. 여성복에 대해 조언하는 것은 솔직히 귀찮은 일로, 하물며 휴일인데 어째서 직원 옷을 사러 같이 가야 하는 거야… 라고 생각하면서도 부탁받으면 금방 또 따라나서니 직업병일지도 모른다. 패키지 디자인의 크리에이티브 디렉션 작업과 비슷하다. 참고로 이러한 사고 과정을 소개하겠다.

① 대상의 표면적인 '특성'을 정확하게 파악한다

　이 경우 대상은 옷을 입는 사람이다. 자신의 옷에 대해 생각한다면 당신 자신이다. 표면적인 '특성'이란 여기서는 체형이나 얼굴 생김새를 말한다. 가능한 한 세밀하게 관찰해서 수많은 플러스 요인과 마이너스

이미지에만
휘둘리면 진짜
특성은
보이지 않는다.

요인을 찾아보자. 이미지에만 휘둘리면 진짜 특성은 보이지 않는다. '날씬하다'는 이미지를 갖고 있어도 허리가 굵은 경우도 있다. '뚱뚱하다'는 이미지라도 종아리는 매우 날씬한 경우도 있다. 체형의 이미지보다 얼굴의 이미지가 강하면 그것을 강조해도 괜찮다.

예를 들어 우리 회사의 어느 직원은 무척 몸집이 작고 귀여운 얼굴이다. 입사했을 때는 마치 소녀 같은 복장을 하고 다녀서 다들 그녀를 '아기 같은 외모'라고 생각했다.

하지만 그녀가 나에게 조언을 구했을 때, 나는 그녀의 얼굴이 오히려 어른스러운 생김새라고 느꼈다. 잘 관찰하면 또렷하고 진한 이목구비다. 이 특징은 자그마하다는 특징에 묻혀 있었다.

② 대상의 내면적인 '특성'을 파악한다

사람의 외견은 내면적인 부분의 영향을 받는다. 자신이 어떤 캐릭터인지도 고려하자. 밝고 가벼운 타입인지, 신중하고 진지한 타입인지, 자신을 잘 분석하자.

③ 최적화 조건을 설정한다

특성을 알았다면 최적화 조건, 다시 말해 지향하는 목표를 설정한다. 내면적인 특성인 밝음을 강조할 것인지, 아니면 굳이 드러내지 않을지는 어떤 조건에서 옷을 입을 것인가에 달려 있다. 데이트라면 전자가 목표고 업무라면 후자가 목표다.

표면적인 특성에 관해서도 지향하는 목표를 더해서 검증한다. '아이처럼 귀여운 느낌'이 목표라면 그녀는 이미 목표에 도달했다. 하지만 '일 잘하는 어른 여성'이라는 것이 그녀가 지향하는 목표라면 이를 위해 최적화할 필요가 있다.

대상의
내면적인 '특성'을
파악하여
지향하는
목표를 설정한다.

표면적인
특성에 관해서도
지향하는
목표를 더해서
검증하여
최적화한다.

④ 최적화를 위한 기능을 설정한다

특성과 목표를 알았다면 플러스가 되는 부분을 살리고 마이너스가 되는 부분을 포장하는 기능을 생각한다.

앞에서 언급한 여직원의 예를 들면, 자그마한 몸집보다 또렷하고 진한 얼굴 생김새라는 플러스 면을 살리는 쪽이 목표에 가깝다. 그래서 머리카락을 뒤로 묶어서 생김새를 강조하고, 티셔츠도 다소 밑으로 깊이 목선이 파인 것으로 선택할 것을 추천했다.

손가락이 길고 어른스러운 손이므로 네일아트를 받으면 예쁠 것이다. 치마 길이도 길게, 짧게, 중간 정도, 이런 식으로 지정하는 것이 아니라 '무릎이 몇 센티미터 정도 보이는 길이로 밑이 좀 넓은 A라인이 괜찮아'라고 이야기했다. 역시 거의 패키지디자인 지시와 같다.

이렇게까지 할지 말지는 별개로 가능한 한 세밀하고 객관적으로 생각하는 것이 포인트다.

⑤ 시대나 환경을 생각해서 조정한다

패키지 디자인의 경우 기능을 설정한 다음에 시대나 환경에 맞는 장식을 디자인한다.

나는 디자인이란 기능과 장식으로 성립하며 그중에서도 기능을 우선해야 한다고 믿기 때문에 거의 장식하지 않는다. 그 제품이 지닌 장점을 그대로 살려서 정말 살짝 변경하는 것이 본래 크리에이티브 디렉터가 하는 일이다.

옷도 이와 마찬가지다. 최적화를 위한 기능을 우선으로 하자. 그다지 기능을 고려하지 않고 '트위드가 유행이니 트위드 옷을 갖고 싶어'하면서 시대나 환경을 우선시해서 쇼핑하면 센스 있는 복장에서 멀어진다.

플러스가 되는
부분을 살리고
마이너스가 되는
부분을 포장하는
기능을 생각한다.

기능을 설정한
다음에 시대나
환경에 맞는
장식을 디자인한다.

센스의 재발견

센스는
이미
당신에게
있다

'갈라파고스'에서 사는 나를 자각하자.

이 책의 에필로그로 이런 표어를 내세우고 싶다.

나라는 존재가 얼마나 작은 섬 안에서 틀어박힌 생활을 하고 있는가. 이를 인식하는 일에서부터 세상은 넓어질 것이다.

우리는 업무에 관해서라면 빠삭하다, 이러이러한 취미 생활에 관해서라면 빠삭하다, 사는 동안 무엇 하나 불편할 것이 없다고 생각한다. 그러한 생각이야말로 우리를 갈라파고스 섬에 묶어 놓는 사슬이다. 서로 간에 사슬로 꽁꽁 묶는 무시무시한 일도 드물지 않다.

대다수 사람이 모험하지 않고 갈라파고스 섬에 틀어박히는 것은 두려워서가 아니라 아마도 귀찮기 때문일 것이다. 그리고 원래 인간이라는 생물은 자기가 있는 곳을 긍정하지 않으면 살기 힘들다.

작은 섬에서 벗어나야만 한다는 의식을 갖길 바란다. 대단한 용기가 없어도 분명 벗어날 수 있다.

신대륙을 발견하고, 세계 최초로 지구를 일주한 사람은 모험심과 탐험심이 넘치는 용기 있는 사람이었다. 새로운 지식을 얻고 센스를 기르기 위해서는 목숨을 걸어야만 하는 시대도 있었다.

지금 시대에는 태평양을 요트로 횡단하는 사람은 모험심이 있다고 할 수 있겠지만, 콜럼버스 정도는 아니다. 하물며 지금 있는 커뮤니티나 지금 있는 곳에서 살짝 빠져나와 새로운 지식을 얻는 정도의 모험은 정말 사소한 용기면 된다.

내가 종종 '계단을 O 칸 건너뛸 정도의 용기'라는 말을 쓴다.

백 팩 하나 매고 예정 없이 해외여행을 떠날 용기는 아마도 계단 두 칸 정도밖에 안 될 것이다. 집을 사는 것은 계단 세 칸 정도의 용기, 모르는 동네를 돌아다니는 것은 계단 한 칸 정도 건너뛰는 용기, 처음 보는 여성지를 읽어보는 것은 계단 한 칸에도 미치지 못하는 용기다.

이 정도면 모험할 만하지 않은가?

센스는 지식에서 시작된다. 강연회에서 이렇게 말하면 대부분은 흥미진진하다는 듯 귀를 기울인다. 그렇지만 한정된 시간 내에서는 제대로 전달되지 않고,

"하지만 결국은 타고 난 센스도 중요한 것이군요."

라는 말을 듣는 경우가 많다. 그것이 바로 이 책을 쓰게 만든 계기가 되었다.

분명 세상에는 아무런 지식 없이도 엄청난 번뜩임과 타고난 재능만으로 깜짝 놀랄만한 물건을 만드는 손으로 꼽을 수 있을 정도의 천재가 있을지도 모른다.

하지만 그런 재능이 없는 '평범한 사람'도 센스라는 세계에서 경쟁할 수 있다.

나 자신이 '갈라파고스'에서 탈출한 경험자이다. 애초에는 그래픽 디자인이 본업이었다. 그런데 지식을 늘려 센스의 폭을 넓히니 그래픽 디자인뿐만 아니라 상품 기획, 인테리어 디자인, 제품 디자인, 경영 컨설팅 등으로 분야가 넓어졌다.

실제로 내가 경험했기 때문에 센스 향상은 누구에게나 가능하다고 알려주고 싶다.

경력을 쌓기 시작한 20대 때는 언제나 갈등이 있었다.

내가 이 상품, 이 기업의 '광고'라는 극히 일부에만 관련되어 있는 것이 정말 이대로 좋은가? 브랜드에 대해 진지하게 생각해보니 상품 기획도 판매 방법도 디스플레이 방법도 전부 총체적으로 만들어가는 편이 결과적으로 좋은 것이 아닐까?

그런 생각에서 전문 분야 이외의 지식을 조금씩 쌓았고, 업무의 폭을 넓혀가던 어느 날, 나에게 이런 말을 하는 사람도 있었다.

"떡은 떡집에서 하는 거야. 그래픽 디자이너가 인테리어에 손을 댈 필요는 없잖아?"

이와 비슷한 일은 지금도 여기저기서 일어나고 있을지도 모른다. 나는 디자이너가 아니니까 디자인이 좋은지 나쁜지 몰라도 어쩔 수 없지. 디자이너도 아닌데 보기 좋은 기획서를 만드는 것은 무리지.

하지만 시대가 변했고 단순히 좋은 것을 만들어 좋은 광고를 만들기만 해서는 팔리지 않는다.

상품을 만드는 아이디어, 실제 제품 디자인과 아웃풋, 유통사 선택 방법, 매장 인테리어, 광고…. 브랜드의 소재부터 소비자까지 다양한 면에서 해결법을 찾지 않는다면 팔리지 않는다.

이럴 때 폭넓은 센스는 강력한 무기가 될 것이며 분명 당신을 도와줄 것이다.

그 무기는 누구나 얼마든지 가질 수 있다. 이것이 조금이라도 전해졌다면 나로서는 더할 나위 없이 기쁘다.

마지막으로 이 책을 정리하는 동안 도와주신 편집부 아오키 유미코 씨와 아사히신문출판의 오자키 도시아키 씨에게 진심으로 감사의 말씀을 드린다. 두 사람과의 작업은 이걸로 세 번째이다. 나 혼자 막연하게 생각하던 것이 두 사람과의 회의를 통해 명확해지는 것에 매번 놀란다.

바쁜 업무 중에도 항상 '정밀도'를 중요하게 생각하는 직원 여러분에게도 진심으로 감사를 전한다. 일이 즐겁고 충실한 것은 모두 여러분 덕분이다. 고맙다.

그리고 직장과 가정 양쪽에서 격무로 시달리면서도 항상 웃음을 잃지 않는 아내에게도 항상 고맙다. 이 책은 당신의 조언이 아니었다면 낼 수 없었을 것입니다.

그리고… 아들에게. 아직 넌 모르겠지만, 네가 있어서 힘을 낼 수 있단다. 정말 고마워.

이 책을 손에 든 여러분이 '센스라는 공포의 단어'의 속박에서 풀려나기를 기원하며 이제 마무리하고자 한다.

센스라는 보물은 이미 당신 안에 존재한다. 센스를 기르는 모험을 위한 여행을 즐겨라.

미즈노 마나부

지은이

미즈노 마나부(水野学)

good design company 대표이사
게이오대학 특별초빙 준교수

1972년 도쿄 출생. 타마미술대학 그래픽디자인과 졸업 후, 1998년 good design company 설립. 아름다울 뿐만 아니라 '진짜 팔리는 디자인'에 중점을 두고 브랜드 만들기부터 상품기획, 패키지, 인테리어 디자인, 컨설팅까지 종합적으로 디렉팅한다.

주요 작업으로 NTT 도코모 ‹iD›, 구마모토현 공식 캐릭터 ‹쿠마몬›, 농림수산청 CI, ‹나카가와 마사시치 상점 中川政七商店› 브랜딩, ‹구바라혼케 久原本家› 브랜딩, KOWA ‹FLANDERS LINEN› 브랜딩, 우타다 히카루 CD 커버디자인, ‹TOKYO SMART DRIVER› VERY×브릿지스톤 콜라보레이션 자전거 ‹HYDEE.B› ‹HYDEE.Ⅱ›, 대만 세븐일레븐 ‹7-SELECT›, ‹adidas›, ANA ‹travel Smap› 등이 있다.

세계3대 광고상인 ‹One Show›에서 금상. ‹CLIO Awards›에서 은상 등 국내외 수상 경력 다수.

저서로 «굿 디자인 컴퍼니의 일» «아이디어 접착제» «아웃풋의 스위치» 등이 있다.

www.gooddesigncompany.com

옮긴이
박수현

번역가. 도쿄대학 대학원 총합연구과에서 비교문학을 공부한 후, 한국외국어 대학교 대학원 박사과정을 거쳐 일본문학을 연구하고 있다.

옮긴 책으로는 «트루 포틀랜드» «느긋하게 오키나와 외딴섬 여행» «참을 수 없는 월요일» «당신의 운명이 예약해 둔 성공지정석» «어려보이는 피부를 만드는 모공케어» «내 몸이 예뻐지는 반신욕 다이어트», 지은 책으로는 «히든카드 초급일본어패턴 55»와 함께 지은 책 «무라카미 하루키에 대해 우리가 말하고 싶은 것들»이 있다.

센스의 재발견

2015년 7월 10일 초판 1쇄 인쇄
2024년 4월 20일 초판 4쇄 발행

지은이　미즈노 마나부
옮긴이　박수현
펴낸이　정상석

기획·편집 문희언
디자인　신덕호
브랜드　haru(하루)

펴낸 곳　터닝포인트(www.turningpoint.co.kr)
등록번호　2005. 2. 17 제6-738호
주소　(03391) 서울시 마포구 동교로 27길 53 지남빌딩 308호
대표 전화 (02)332-7646
팩스　(02)3142-7646
ISBN　978-89-94158-69-3 03320
정가　13,000원

haru(하루)는 터닝포인트의 인문·교양·에세이 임프린트입니다.

내용 및 집필 문의 diamat@naver.com
터닝포인트는 삶에 긍정적 변화를 가져오는 좋은 원고를 환영합니다.

이 도서의 국립중앙도서관 출판예정도서목록(CIP)은 서지정보유통지원시스템
홈페이지(http://seoji.nl.go.kr)와 국가자료공동목록시스템(http://www.nl.go.kr/
kolisnet)에서 이용하실 수 있습니다.(CIP제어번호: CIP2015016786)